별난 사회 선생님의 한국 지리네요

별난 사회 선생님의
한국 지리네요

초판 1쇄 펴낸날 2023년 9월 27일

지은이 권재원
펴낸이 홍지연

편집 홍소연 고영완 이태화 전희선
조어진 이수진 차소영 서경민
디자인 권수아 박태연 박해연 정든해
마케팅 강점원 최은 신종연 김신애
경영지원 정상희 여주현

펴낸곳 ㈜우리학교
출판등록 제313-2009-26호(2009년 1월 5일)
주소 04029 서울시 서울 마포구 동교로12안길 8
전화 02-6012-6094
팩스 02-6012-6092
홈페이지 www.woorischool.co.kr
이메일 woorischool@naver.com

ISBN 979-11-6755-228-0 43300

• 책값은 뒤표지에 적혀 있습니다.
• 잘못된 책은 구입한 곳에서 바꾸어 드립니다.
• 본문에 포함된 사진 등은 저작권과 출처 확인 과정을 거쳤습니다.
그 외 저작권에 관한 문의 사항은 ㈜우리학교로 연락 주시기 바랍니다.

만든 사람들
감수 황상표
책임 편집 이선희
표지 디자인 정든해
본문 디자인 한향림

지리로 만나는 대한민국의 모든 것

별난 사회 선생님의
한국 ✦ 지리네요

권재원 지음

우리학교

한국의 지도가 더 낯설고 어려운 우리 아이들에게

"전라도가 어딘지, 경상도가 어딘지 맨날 헷갈려"

이 책을 쓰겠다고 마음먹은 계기는 어느 날 한 유명 대학(이름만 대면 바로 알 수 있는 그런 대학입니다) 근처에서 식사하다가 우연히 듣게 된 옆 테이블 대학생들의 대화였습니다. 일부러 들으려 한 건 아니고 워낙 목소리가 커서 들렸는데, 그 내용이 꽤 충격적이었습니다. 무슨 시험을 준비하는 모양인데, 한 학생이 이렇게 말했던 것이지요.

"전라도가 어딘지, 경상도가 어딘지 맨날 헷갈려."

그러자 다른 학생이 대답했습니다.

"아, 그거. 다섯 시는 경상도, 일곱 시는 전라도. 이렇게 외우면 돼."

순간 귀를 의심했습니다. 저 정도 명문대 학생들이라면 사회과목 공부도 열심히 했을 텐데 경상도와 전라도 위치가 지도상에서 어디인지 몰라서 일부러 외우고 있다니. 경상도, 전라도 위치를 잘 모를 정도라면 목포, 포항, 경주…… 이런 구체적인 도시들

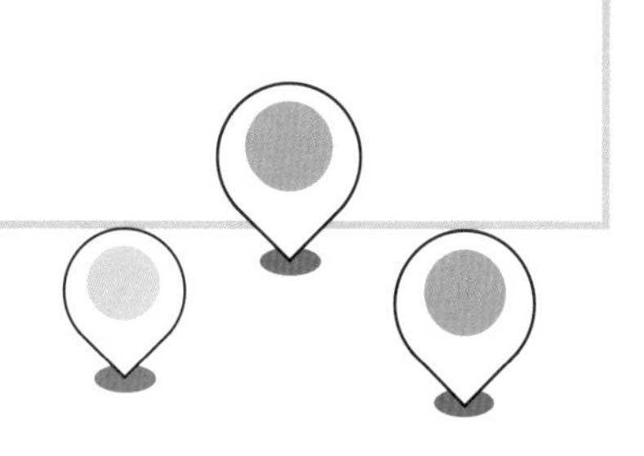

위치까지 들어가면 더더욱 모를 것이며, 우리나라에 대해 이 정도라면 다른 나라에 대해서는 더할 나위도 없겠지요. 일본, 중국, 미국 정도나 겨우 찾을 뿐, 여타 다른 나라들은 이름과 위치를 연결 짓지 못할 가능성이 큽니다.

내가 다니는 학교, 동네를 넘어 넓은 세상을 만나려면

세상에 대한 정보는 무엇보다 지리에서 출발합니다. 그리고 지리 정보는 당연히 우리가 살고 있는 지역, 그리고 나라에서부터 시작하는 것이고요. 아는 만큼 우리는 넓은 세상을 살게 되며, 세상을 넓게 살수록 더 많은 꿈을 키우고 다양한 기회를 찾을 수 있어요.

알고 있는 지리 정보가 내가 사는 동네, 내가 다니는 학교나 학원이 있는 동네에 그치는 학생은 딱 그만큼의 세상을 사는 것이며, 딱 그만큼의 꿈, 그만큼의 기회를 가집니다. 이와 달리 직접 가보지는 않아도 적어도 지도를 통해 우리나라의 여러 지역, 나아가 세계 여러 지역에 대한 정보를 애써 공부하고 탐색하는 학생은

그만큼의 꿈과 그만큼의 기회를 품을 것입니다.

그런 점에서 무엇보다도 먼저 우리나라에 대해 알아야겠지요. 그런데 정말 뜻밖에도 우리나라 공교육 교육과정은 초등학교 졸업 후에는 우리나라의 지역에 대해 학습하지 않습니다. 주로 지형, 기후, 산업 등과 관련한 추상적이고 일반적인 지리 지식을 공부하지요. 물론 이런 공부도 중요해요. 하지만 초등학교 때 설핏 배웠던 우리나라의 지리 정보, 우리나라 여러 지역에 대한 지리 정보가 과연 평생 남아 있을까요? 당연히 다 잊어버릴 거예요. 그러니 중고등학교 때 사회 과목 공부를 열심히 했을 학생도 막상 우리나라의 어느 지역이 어디에 있고, 어떤 특징을 가지는지는 아는 바가 거의 없게 되는 거지요.

알고 싶다, 그리고 가보고 싶다는 마음

"우리나라 전통 음악은 마치 아주 먼 외국 음악같이 낯설어요."

언젠가 우리나라 청소년들이 전통 음악을 듣지 않는 이유에

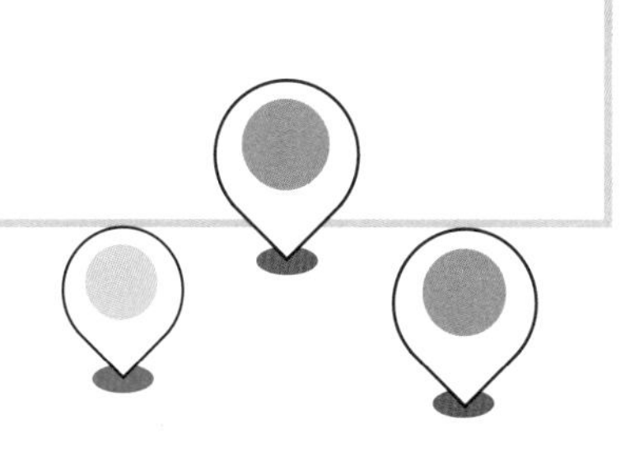

관해 이렇게 대답한 것을 보았습니다. 음악뿐 아니라 우리나라의 다양한 전통 문화가 우리 청소년들에게는 오히려 외국 문화만큼이나 낯설지요. 그런데 이제는 우리나라의 여러 지역이 외국의 도시만큼 낯설게 느껴진다는 청소년이 늘어나고 있습니다. 가족끼리 휴가차 다녀온 도쿄나 타이베이는 어디 있는지 지도에서 금방 찾을 수 있으면서, 오히려 전주나 청주를 찾으려면 우리나라 지도를 한참 뒤지는 학생도 보았지요.

요즘 우리나라를 찾는 외국인들이 부쩍 늘었습니다. 외국 친구들과 교류하는 우리나라 청소년들도 부쩍 늘었어요. 그런데 우리나라에서 여행을 하고 싶어 하는 외국 친구들에게 우리나라에 관한 대체적이고 간략한 정보를 친절히 가르쳐주고 싶지만, 실은 자신도 아는 것이 별로 없어 난감하다면 이건 사실 부끄러운 일입니다. 더 난감한 일은 공부를 하려 해도 우리나라의 이모저모를 전체적으로 빠르게 배울 수 있는 책이 너무 부족하다는 거예요.

그래서 간략하지만 이 책을 쓰게 됐습니다. 물론 우리나라의 이모저모를 소개한 책이 없는 것은 아니에요. 그런데 지금 나

와 있는 책들은 우리나라 전체를 두루 개괄하기보다는 재미있는 주제별로 몇 개의 꼭지를 가진 게 대부분이에요. 아니면 지역별로 책 한 권씩의 분량을 가진 방대한 책이거나요. 사실 내가 이 책을 쓰게 된 가장 결정적인 동기 역시 미국에 사는 내 조카 때문입니다. 어머니의 나라 대한민국에 관해 친구들에게 알려주고 싶고, 또 방학 때 여행도 하고 싶은데, 이럴 때 볼만한 가벼운 책 한 권을 추천해달라고 했거든요. 그런데 막상 그러려니 마땅한 책이 거의 없더란 말입니다. 없으니 어떻게 할까요? 내가 쓸 수밖에요. 그래서 한 손에 쏙 들어오는 작은 책 안에 우리나라의 전체적인 정보와 각 지역 소개를 담은 간략한 지리 안내서를 쓰게 되었어요.

크게 보면 이 책은 두 가지 주제로 구성되어 있어요. 첫 번째 부분은 우리나라를 전체적으로 다뤄요. 우리나라의 지형, 기후, 인문환경, 지정학 등에 관한 간략한 소개예요. 두 번째 부분은 우리나라를 몇 개 지역으로 나누어 지역별로 유래와 특징에 관해 간단히 소개해요.

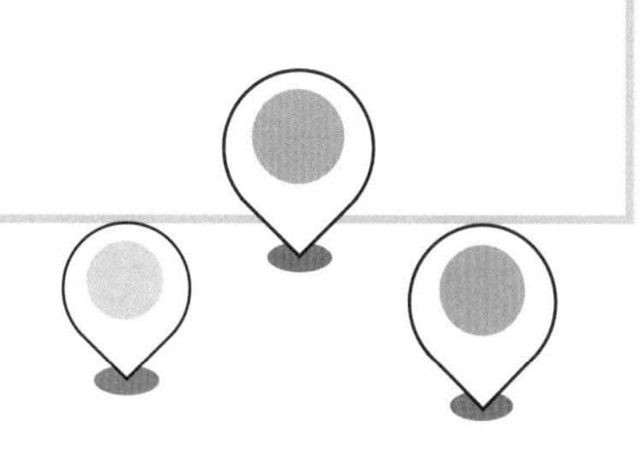

하지만 이 책이 다루는 내용은 거기까지예요. 우리나라 전체와 각 지역을 소개하는 데 그칩니다. 더 자세한 지식과 정보는 이제 청소년 여러분이 직접 찾아야 하고, 가능하면 직접 그 지역을 방문해서 보고 들어야 합니다. 우리나라에 이런 곳이 있구나, 정도를 알게 된다면 이 책의 목적은 3분의 2 이상 달성한 것이지요. 만약 한번 가보고 싶다, 이런 생각까지 하게 된다면 100퍼센트 달성이 되겠지요.

이 책을 통해 여러분 모두 자신의 집, 학교, 학원보다 더 넓은 세상에 관심과 흥미를 느끼게 되기를 바랍니다. 이 책을 미국에서 태어나 미국인으로 자랐지만, 어머니의 고향인 대한민국을 알고 싶어 하고, 배우고 싶어 하는 제 조카 제이컵에게 선물합니다.

2023년 9월 권재원

차례

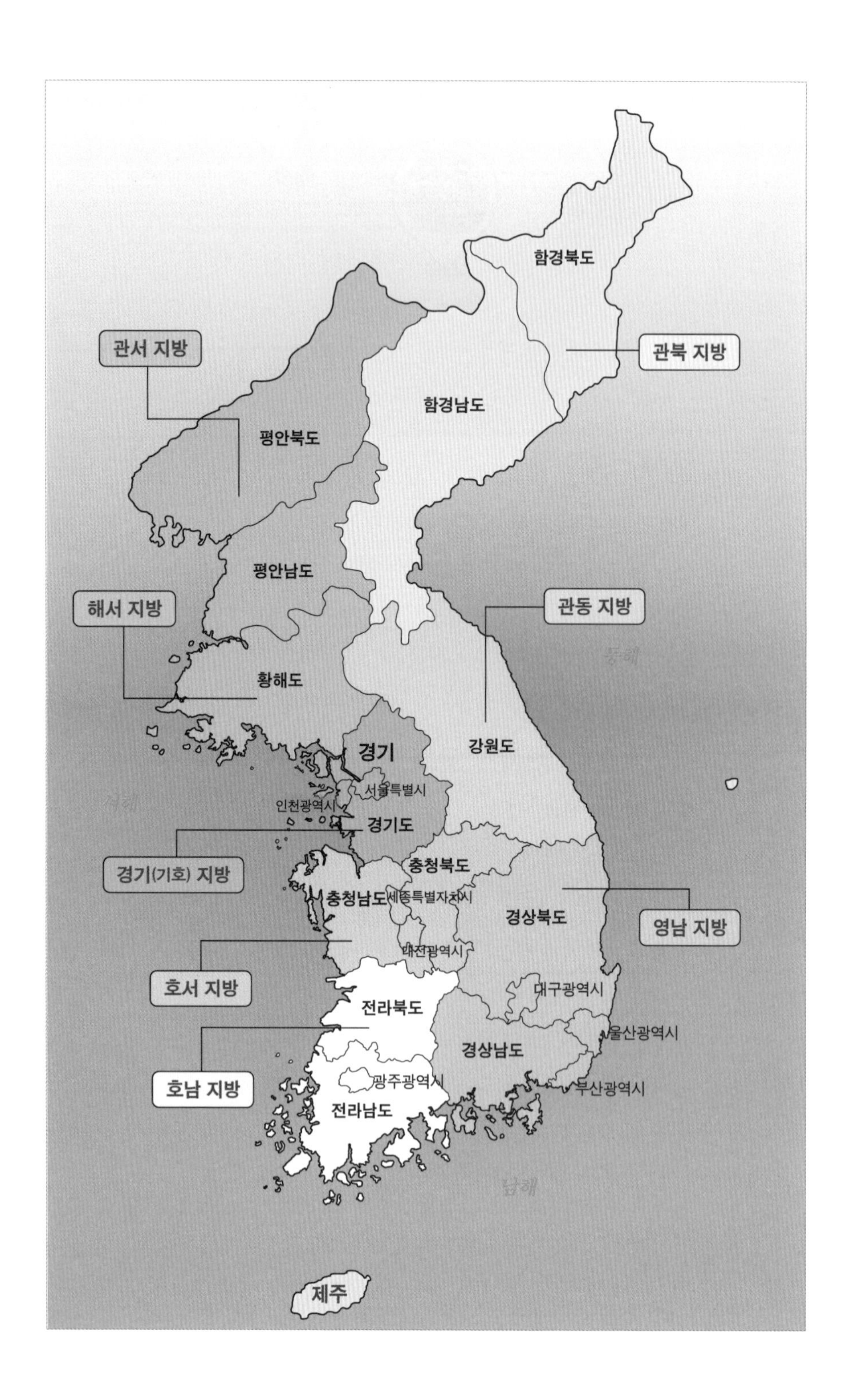

함경북도
관서 지방
관북 지방
함경남도
평안북도
평안남도
해서 지방
관동 지방
동해
황해도
강원도
경기
서해
서울특별시
인천광역시
경기도
경기(기호) 지방
충청북도
충청남도
세종특별자치시
경상북도
영남 지방
대전광역시
호서 지방
대구광역시
전라북도
울산광역시
경상남도
호남 지방
광주광역시
부산광역시
전라남도
남해
제주

강원특별자치도
동해
서울특별시
인천광역시
경기도
충청북도
충청남도
세종특별자치시
경상북도
서해
대전광역시
대구광역시
전라북도
울산광역시
경상남도
광주광역시
부산광역시
전라남도
제주특별자치도

동아시아의 반도에서 독립국가로

우리나라의 지형

우리가 독자적인 문화를 유지할 수 있었던 이유가
한반도의 지형과 관계가 있다고?

삼면이 바다에 나이 많은 구릉 지형

대한민국 헌법에 '대한민국의 영토는 한반도와 그 부속 도서로 한다'라고 되어 있습니다. 반도는 동서남북 중 삼면이 바다로 둘러싸인 육지를 말해요. 그래서 '절반쯤 섬'이란 뜻에서 반도라고 합니다. 반도의 영어 단어인 'peninsula'는 고대 로마어인 라틴어 'paene'(거의)와 'insula'(섬)라는 단어가 합성된 거예요.

한반도는 동, 서, 남 면이 바다이며 북쪽만 아시아 대륙에 붙어 있어요. 그런데 그 북쪽도 압록강과 두만강이라는 큰 강이 흐르고 있기 때문에 그야말로 '거의 섬'입니다. 우리 민족이 흉노, 거란, 여진 등 중국에 흡수, 동화되어버린 다른 민족들과 달리 수천 년간 중국과 구별되는 독자적인 문화를 유지할 수 있었던 이유는 이렇게 '거의 섬'이라서 중국 대륙으로부터 어느 정도 차단되어 있었기 때문이지요.

그런데 지금 대한민국은 북쪽이 바다보다 더한 장벽, 아예 왕래가 불가능한 휴전선으로 가로막혀 있습니다. 한반도의 북쪽은 우리가 갈 수 없는 땅입니다. 무슨 일이 일어나고 있는지도 알기 어렵지요. 그러니 여기서는 한반도 남쪽, 우리가 다녀올 수 있는 곳만 다루기로 할게요.

먼저 우리나라의 지형(topographic features)을 살펴볼까요? 지형은 생물이 없다고 치고, 순수하게 땅의 모양, 구성, 상태만 살펴볼 때 사용하는 용어에요. 높이, 경사, 암석 종류, 토양 종류, 산과 강 같은 것들이 바로 지형의 요소입니다. 지형이 중요한 까닭은 이에 따라 그 땅에 살고 있는 식물, 동물의 종류가 달라지고, 그 때문에 사람의 생활방식도 달라지기 때문입니다. 물론 사람은 과학과 기술의 힘으로 지형을 바꾸거나 인공물을 설치해 지형의 한계를 극복하기도 해요. 하지만 지금까지 지형은 기후와 더불어 지역의 경관, 생활방식, 문화를 결정하는 가장 중요한 변수라고 할 수 있습니다.

우리나라 지형을 소개할 때 가장 자주 듣는 말이 '국토의 70퍼센트가 산'이라는 말이지요. 이건 지도를 보지 않아도 금방 확인할 수 있습니다. 우리나라는 어디를 가도 반드시 눈앞에 산이 보이지요. 미국, 유럽, 중국 등 다른 지역에 가면 산 하나 없이 평지만 길게 이어져 지평선을 그리는 풍경을 어렵지 않게 볼 수 있지만, 우리나라에서는 전북 김제, 완주 일부 지역을 제외하면 쭉 펼쳐진 지평선을 볼 수 없어요. 반드시 산이 시야를 가로막습니다.

그런데 지리학 기준을 적용하면 우리나라는 생각보다 산이 많은 나라가 아니에요. 우리는 주변보다 높이 솟아 있는 지형은 웬만하면 다 산이라 부르지만, 지리학에서는 솟아 있다고 다 산이라고 부르지 않아요. 어느 정도 높이 이상으로 솟아야 산이며, 그 이하는 언덕입니다.

그 어느 정도의 높이 기준은 나라마다 학계마다 조금씩 다릅니다. 미국지리학회(바로 내셔널지오그래픽입니다)는 그 기준을 '주변보다 300미터'라고 정하고 있어요. 300미터가 넘어야 산이며, 그 이하는 모두 언덕(구릉)이라는 것입니다. 영국지리학회는 이보다 더 까다로워서 '600미터는 넘어야 산, 그 이하는 언덕'이라고 규정했고요.

높이에 따른 산의 등급(미국지리학회)

등급	높이
1등급	4,500m
2등급	3,500m
3등급	2,500m
4등급	1,500m
5등급	1,000m
6등급	300m

수목한계선
일정한 고도나 환경 조건을 넘으면 수목이 생존할 수 없는 전형적인 수목한계선의 경계를 잘 보여주는 칠레의 지형.

미국지리학회는 높이에 따라 산을 모두 여섯 개 등급으로 분류했습니다. 1등급 산은 4,500미터 이상입니다. 이 기준은 열대 지방이라 할지라도 기온이 영상으로 올라가지 않아 한번 내린 눈이 일 년 내내 녹지 않는 만년설이 있는 높이에요. 2등급의 기준인 3,500미터는 식물이 살지 않는 곳입니다. 흙과 바위밖에 없어요.

3등급의 기준인 2,500미터는 수목한계선이에요. 이 높이 이상이 되면 열대 기후라 할지라도 나무가 자라지 못합니다. 이런 산에 올라가면 온대 기후의 경우 봄, 가을, 겨울에는 눈밭이, 여름에는 초원이 펼쳐지며, 열대 기후 지역에서는 일 년 내내 초원이 펼쳐집니다. 이런 경관은 우리나라에서는 보기 어렵습니다. 제일 높은 한라산도 1,950미터에 불과하기 때문이지요. 반면 가까운 일본만 해도 3등급 산이 수십 개나 있어요.

우리나라 산은 제일 높은 산에 속하는 것들도 4등급에 불과한데, 그나마 4등급 산도 열 손가락을 꼽지요. 한라산, 지리산, 설악산, 덕유산, 계방산, 오대산, 가리왕산, 태백산, 남덕유산, 가리봉 정도가 4등급 산입니다. 심지어 5등급 산도 많지 않아요. 1,000미터만 넘으면, 즉 5등급짜리 산이면 큰 산, 높은 산이라 부를 정도입니다. 우리나라 산 대부분은 6등급 혹은 그 이하예요. 그나마 절반 이상은 산이 아니라 언덕으로 불리는 높이입니다.

이렇듯 우리나라 산은 높지 않을 뿐만 아니라 그리 험하지도 않아요. 물론 설악산같이 험한 산도 있지만 그런 설악산도 전문 산악인이 아니더라도 걸어서 정상까지 갈 수 있어요. 우리나라 산은 범접할 수 없는 장벽, 위험을 감수하는 모험과 탐험의 대상이 되는 산이 아니라 부드러운 능선과 시원한 골짜기를 품은 채 찾아오는 사람들에게 적당한 운동과 즐거움을 안겨주는 산이라고 할 수 있지요. 그래서 미국에서는 모험 스포츠로 통하는 등산을 우리나라에서는 누구나 손쉽게 할 수 있는 가벼운 취미 활동이나 운동으로 여깁니다. 우리가 등산이라고 부르는 활동은 영국, 미국 기준으로는 사실 즐거운 하이킹 수준인 것이지요.

우리나라 산이 높지 않은 까닭은 한반도가 아주 나이 많은 땅이기 때문입니다. 우리나라의 산은 대부분 평지에서 솟아올라서 만들어진 곳이 아니라 평지가 풍화 작용으로 깎여 나가고 남은 곳이 많습니다. 그 증거는 우리나라 산이 주로 화강암으로 이루어졌다는 것인데요, 화강암은 마그마가 굳어져 만들어진 바위인데 이게 땅 위가 아니라 땅속에서 굳어진 것이지요. 얼마나 땅이 오랫동안 많이 깎였으면 땅속의 바위가 오히려 몇백 미터 높이의 산이 되었을까요?

동쪽은 산, 서쪽은 평야

우리나라의 산이나 구릉은 골고루 분포되어 있지 않아요. 동쪽으로 갈수록 산이 더 많고 또 더 높습니다. 그래서 특히 한반도 중부 지방을 단면으로 잘라보면 아래 그림 같은 모양을 이루어요. 동쪽과 서쪽의 높이도 차이 날 뿐 아니라 경사도도 다릅니다. 서쪽으로는 완만한 경사를 이루고 있고 동쪽으로는 급경사예요.

동서로 보는 한반도 중부 지방 지형

이런 경사도는 우리나라의 강물이 대부분 동쪽에서 출발해 서해 쪽으로 완만하게 흘러가게 만듭니다. 평지에서 완만하게 흘러

한국의 동고서저 지형
서쪽의 낮은 평야(위), 동쪽의 높은 산맥(아래)

갯벌이 발달한 서해(위), 수심이 깊은 동해(아래)

가는 강물은 경사가 거의 없기 때문에 직선으로 쭉 뻗어가지 않고 굽실굽실, 구불구불 태극을 그리며 흘러갑니다. 그리고 이렇게 흘러가면서 하류에 넓은 평야를 만들지요. 그래서 우리나라에서 농사 짓기 좋은 지역(곡창 지역)은 대부분 서해안 쪽에 몰려 있어요.

반대로 우리나라의 동쪽은 온통 산맥으로 이어져 있지요. 그리고 동쪽으로 갈수록 경사도 급해집니다. 그래서 우리나라 동쪽에는 큰 강도, 넓은 평야도 발달하지 못합니다. 대신 동쪽으로 흐르는 물은 폭포가 자주 나타나는 급류가 많아요. 농사에는 적당하지 않지만, 경치는 아주 좋고요. 그래서 우리나라의 이름난 계곡 명승지는 주로 하천 상류 지역이나 동해안에 몰려 있습니다.

그런데 이 지형은 바다 아래까지 이어집니다. 서해는 수심이 얕고 경사가 완만해요. 그렇기 때문에 썰물이 되면 금세 물이 빠져 갯벌이 드러나지요. 반면 동해는 경사가 급해 조금만 들어가도 금세 수심이 깊어지며 썰물이 되어도 물이 빠지지 않아 갯벌이 발달하기 어렵습니다.

우리나라의 등뼈, 백두대간일까? 태백산맥일까?

산맥은 산이 계속 이어진 것을 말해요. 영국, 미국 기준으로는 아무리 언덕이라 해도 어쨌든 우리나라는 평지가 적은 나라이기 때문에 산맥도 많지요. 사실상 한반도 전체가 하나의 산맥으로 이어져 있다고 할 수 있어요. 강이 본류가 있고 지류가 있듯이, 한반도의 산맥은 척추처럼 하나의 큰 산맥이 반도를 관통하고 여기에서 여러 산맥이 다시 뻗어 나갑니다. 전통 지리학에서는 큰 줄기를 대간, 뻗어 나간 가지들을 정맥이라고 부르지요. 우리나라의 산맥은 전통 지리학 용어를 따르면 큰 줄기인 백두대간과 여기서 뻗어 나가는 여러 정맥으로 이루어져 있어요. 백두대간은 백두산에서 시작된 산줄기가 지리산까지 끊어지지 않고 이어진 것을 말해요. 설악산 이북으로는 갈 수 없지만, 적어도 강원도 설악산에서 전라도 지리산까지는 정말로 산줄기가 한 번도 끊어지지 않고 이어져 있는 것을 수많은 등산가가 직접 걸어서 확인했습니다. 지금도 수많은 등산가가 국토의 등뼈라 할 수 있는 백두대간을 걸어서 종주하고 있지요.

그런데 교과서에는 산맥이 다른 이름으로 되어 있어요. 태백산맥, 소백산맥, 차령산맥, 노령산맥, 광주산맥……, 이렇게요. 이름만 다른 게 아니라 줄기도 다르게 그려져 있고요. 이는 산맥을 보는 관점이 전통 지리학과 교과서가 서로 다르기 때문이에요. 전통 지리학에서는 산이 끊어지지 않고 이어지는 것을 산줄기, 즉 산경이라고 해요. 산이 끊어지는 기준은 물이에요. 산은 물을 넘지 못하며, 하천이 흐르는 곳에서 끊어지거든요.

교과서의 산맥은 일제강점기 때 일본 지질학자인 고토 분지로(小藤文次郎)가 정한 것입니다. 그런데 고토는 땅 위에 솟아 있는 산이 아니라 지질 구조를 기준으로 산맥을 정했어요. 그래서 막상

전통적인 산맥 이름(왼쪽)과 교과서의 산맥 이름(오른쪽)

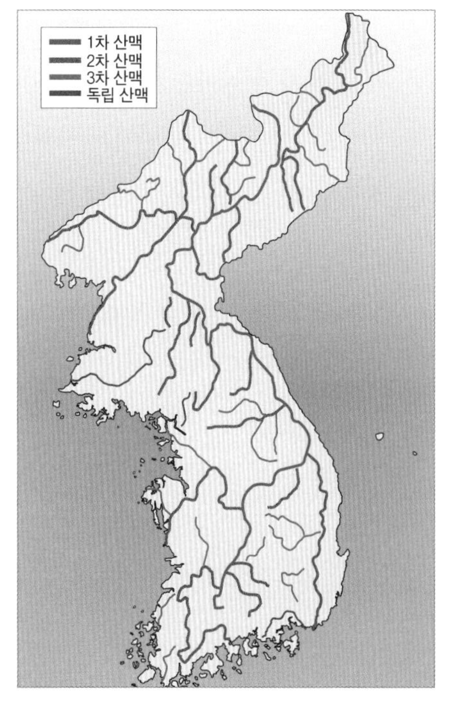

국토연구원의 새 산맥 지도

그 산맥 그림을 따라가 보면 산이 끊어져 있고 강이 흐르고 있는 경우가 많습니다. 그래도 강물 아래로 같은 지질 구조가 이어지고 있는 것인데, 아무래도 좀 어색해 보입니다.

그래서 요즘은 전통 산맥 이름인 백두대간과 여기에 연결된 여러 정맥들을 공공기관의 공식 자료에서도 많이 사용해요. 특히 백두대간은 사실상 공식 용어나 다름없게 바뀌었고, 교과서에서도 간혹 나와요. 국토연구원에서도 백두대간과 정맥을 기준으로 하는 새 산맥 지도를 발간한 적이 있어요. 다만 백두대간이라는 이름 대신 1차 산맥, 여기서 갈래 친 정맥들을 2차 산맥 등으로 분류했습니다.

분지에 발달한 우리의 옛 도시들

우리나라는 전라남북도를 제외하면 평야가 이어져 있는 경관을 보기 어렵지요. 대부분의 평야는 어느 쪽이든 산으로 막혀 있어요. 그렇다면 이렇게 얼마 안 되는 평야 지역에 수많은 도시가 발달할 것 같은데, 실제로 우리나라 도시들은 얼마 되지 않는 평야 지역보다는 산으로 둘러싸인 지역에 주로 발달해 있어요. 물론 산골짜기에 도시가 만들어진 것은 아니고 산으로 둘러싸인 평야 지역에 도시가 자리 잡고 있는데, 이런 지형을 분지라고 합니다.

분지는 중국의 쓰촨분지, 타림분지처럼 한반도보다 훨씬 큰 곳도 있고, 울릉도의 나리분지처럼 마을 하나 들어갈 정도의 크기

산이 성벽이 되는 분지 평야 지형

도 있어요. 우리나라에서 도시가 발달한 분지는 주로 둘레가 50~100킬로미터 정도 되면서 강물이 관통하며 지나가는 곳입니다.

왜 이렇게 산으로 둘러싸인 곳에 도시가 만들어졌을까요? 얼핏 생각하면 평야 지역이 살기 좋을 것 같지만, 문제는 방어입니다. 열심히 농사를 지었는데 사나운 종족이 쳐들어와 다 털어 가면 얼마나 허망할까요? 사방이 탁 트인 평야 지역은 외적이 쳐들어오면 의지하고 싸울 방어 거점이 없습니다.

그래서 오랜 옛날부터 한반도에 거주한 사람들은 농사는 평야에서 짓더라도 도시는 분지에 세웠습니다. 분지를 둘러싼 산들이 자연적인 성벽이 되어주고, 그 사이를 관통하는 강물이 교통로 역할을 해주기 때문이지요. 개성, 서울, 충주, 전주, 광주, 대구, 청주, 공주, 춘천, 원주, 경주, 상주 등 우리나라에서 역사가 오래된 도시는 거의 예외 없이 분지에 발달한 도시들입니다.

하지만 산업화 이후에 발전하기 시작한 도시들은 분지보다는 철도 요충지나 항구에 많이 자리 잡고 있지요. 평택, 아산, 포항, 울산, 창원 같은 신흥 산업도시가 짧은 시간에 청주, 충주, 원주 같은 전통적인 분지 도시를 따라잡거나 앞질렀어요. 이제 우리나라가 수확물을 외적으로부터 지키는 폐쇄적인 농업국가에서 세계와 교류하는 무역국가로 바뀌었기 때문입니다.

명당은 어떻게 탄생했을까?

우리 민족은 수천 년 동안 분지를 선호했습니다. 주요 도시는 어김없이 분지에 세워졌고, 집도, 절도, 심지어 무덤까지 분지에 세웠지요. 이런 분지 사랑이 나중에는 풍수사상으로 발전했다는 것도 알 수 있습니다.

전통사회에서는 많은 사람이 집을 어디에 짓고, 조상의 무덤을 어디에 쓰느냐에 따라 본인의 운명뿐 아니라 후손의 운명까지 정해진다고 믿었어요. 지리와 운명을 연결하는 이런 사고방식을 풍수(風水)라고 해요. 전근대적인 미신이라고 생각하기 쉽지만,

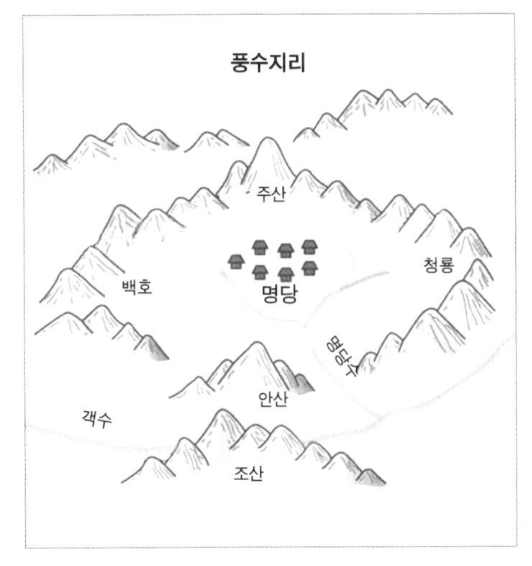

명당의 조건으로 다시 보는 한양의 풍수

우리나라가 세계적인 과학기술 강국이 된 지금도 여전히 곳곳에 남아 있는 사고방식이지요.

풍수에서는 미래의 번영을 보장하는 길한 자리와 그렇지 못한 흉한 자리를 구별하는데, 이 중 길한 자리를 명당이라고 해요. 그런데 미신으로만 보이는 풍수에 의외로 합리적인 부분도 있습니다. 풍수가가 귀에 걸면 귀걸이 코에 걸면 코걸이 식으로 제멋대로 명당을 정하는 것이 아니고, 또 무속처럼 어떤 신령한 힘으로 명당을 찾는 것도 아닙니다. 명당의 조건이 객관적으로 규정되어 있어요. 명당의 조건은 이렇습니다.(최창조, 『한국의 풍수사상』, 1998, 참조)

1) 백두산에서부터 이어져 내려오는 큰 산줄기와 연결된 주산(현무)이 북쪽에 있다.
2) 주산은 왼쪽으로 청룡, 오른쪽으로 백호의 기세를 가진 두 산줄기로 갈라지면서 그사이에 평지를 펼쳐 놓는다.
3) 이 평지에서 나쁜 기운이 고이지 않도록 명당수가 흘러 나가는데, 명당수는 객수라 부르는 강물로 연결된다.
4) 명당수가 흘러 나가는 길에는 문의 역할을 하는 산이 청룡, 백호 사이에 자리 잡는데 이를 안산이라고 한다.
5) 남쪽으로는 안산을 사이에 두고 주산과 대칭을 이루는 조산(주작)이 자리한다.

뭔가 신비롭고 복잡해 보이지만 의외로 원리는 간단합니다. 사방이 산으로 둘러싸여 있고, 특히 북쪽과 남쪽의 산세가 크고 웅장하며, 가운데로 강이나 내가 흘러가고 있는 분지 평야가 바로 명당이란 거지요. 둘러싸고 있는 산줄기가 여러 겹이면 더욱 좋고요.

왜 이런 땅을 명당이라고 했을까요? 방어에 유리하면서도 다른 지역과 교통이 편리하기 때문입니다. 넓은 평야는 농사를 짓기에는 좋지만 적이 쳐들어오면 막을 곳이 없습니다.

그렇다고 아예 산속에 도시를 지으면 고립되기 쉽지요. 강물이 지나가는 분지 평야는 방어에도 유리하고, 농사를 지을 만한 평야도 있고, 강물을 통해 다른 지역과 연결도 편리합니다. 물론 드나드는 통로가 강물뿐이기 때문에 차단하기도 쉽지요.

이것은 우리나라뿐 아니라 일본도 마찬가지였어요. 일본은 오랫동안 중심 도시가 가장 넓은 평야 지역인 간토평야(도쿄와 그 주변)가 아닌, 분지가 발달한 간사이 지방(오사카, 교토 일대)에 발달했거든요. 도쿄 일대가 본격적으로 개발된 것은 도쿠가와 이에야스가 전국시대를 통일하고 200년간 전쟁 없는 시대가 이어진 다음의 일이에요.

궁궐과 명당에서 읽는 선조들의 사고방식

결론적으로, 명당의 조건에 따라 분지에 도시를 세운 것이 아니라 분지에 도시를 세우는 것이 유리했고, 이를 그 시대 방식으로 설명하다 보니 명당의 개념이 나온 것이지요. 명당이란 한마디로 물길이 잘 연결되는 분지 평야라고 할 수 있습니다.

명당과 관련하여 가장 유명한 곳은 조선의 법궁(法宮, 임금이 거처하는 궁궐)인 경복궁, 그리고 흥선대원군의 아버지인 남연군 묘일 것입니다. 흥선대원군은 충청남도 덕산군(오늘날 예산군 덕산면) 가야사라는 사찰이 있는 장소가 2대에 걸쳐 천자(임금)를 배출하는 명당이라는 말을 듣고 사찰을 헐고 그곳에 자기 아버지 남연군의 묘를 세웠습니다. 결국 그의 아들(고종)과 손자(순종)가 차례로 황제에 등극하여 2대 천자라는 예언은 채워진 셈이지만, 그게 망

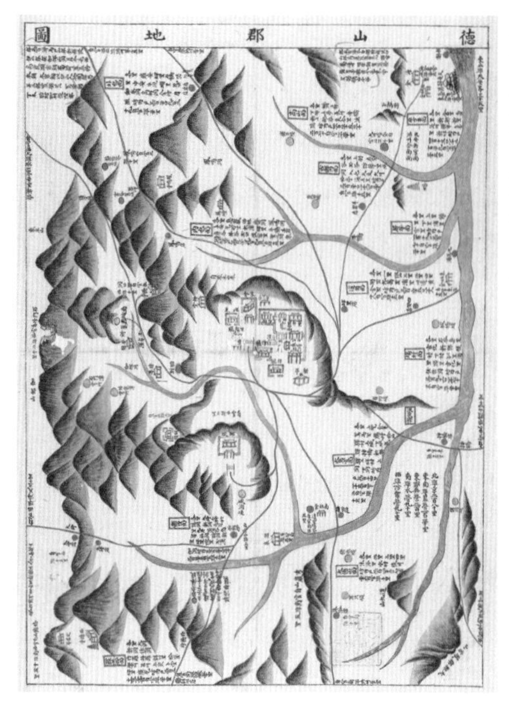

당시 충남 덕산군 고지도(왼쪽)와 흥선대원군의 아버지 남연군 묘

국의 군주일 줄이야 짐작도 하지 못했겠지요. 과연 이건 명당일까요, 흉지일까요? 어쨌든 실제 남연군 묘를 찾아보면 주변이 전형적인 분지 평야 지역임을 확인할 수 있습니다.

한국은 언제까지 온대 기후일까?

우리나라의 기후

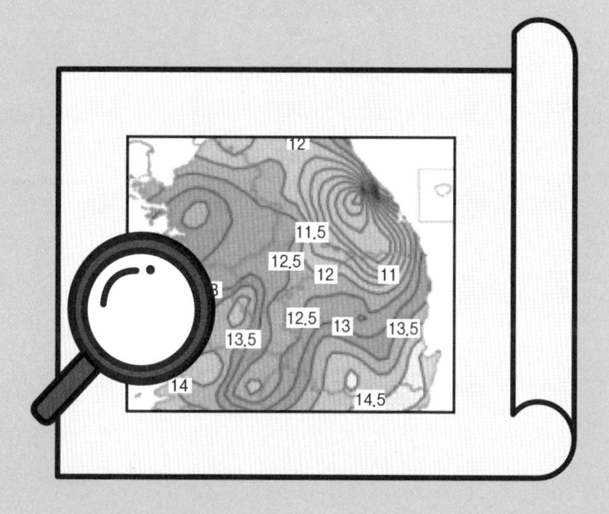

온대 지역이라지만 아는 사람은 다 아는 한국의 까다로운 기후가
우리에게 선사한 놀라운 능력도 있지.

기후를 분류하는 방법

지형과 함께 사람의 생활에 가장 큰 영향을 주는 자연환경은 기후입니다. 사는 곳의 지형이 산악이냐, 평야이냐에 따라 나름대로 이에 적응하여 살아가는 사람들의 생활방식, 즉 문화가 달라지듯이, 기후에 따라서도 문화가 달라집니다. 당장 옷, 음식, 집이 달라지지요.

지리학에서는 강수량과 기온의 변화를 통해 지구상의 기후를 몇 가지 패턴으로 분류해요. 기후 분류 방법에는 여러 종류가 있는데, 그중 독일 지리학자 블라디미르 쾨펜(Wladimir P. Köppen)이 만든 것이 가장 일반적이에요. 쾨펜은 강수량과 기온을 기준으로 1차 기후 구분을 해 알파벳 대문자로 표기하고, 다시 강수 패턴을

강수량과 기온을 기준으로 한 쾨펜의 13개 기후형

<table>
<tr><th colspan="2">1차 기후 구분</th><th>2, 3차 기후 구분</th><th>기후형</th></tr>
<tr><td>열대 기후
(A)</td><td>최한월 평균기온
18°C 이상</td><td rowspan="3">2차 구분: 건조한 계절
f: 연중 습윤
S: 여름 건조
w: 겨울 건조
m: 계절풍(몬순) 기후
(f와 w의 중간형)

3차 구분(Cf 기후)
a: 최난월 평균기온 22°C 이상
b: 최난월 평균기온 22°C 미만이고
10°C 이상인 달이 4개월 이상</td><td>Af(열대우림)
Aw(사바나)
Am(열대계절풍)</td></tr>
<tr><td>온대 기후
(C)</td><td>최한월 평균기온
-3~18°C</td><td>Cfa(온난습윤)
Cfb(서안해양성)
Cs(지중해성)
Cw(온대 겨울 건조)</td></tr>
<tr><td>냉대 기후
(D)</td><td>최한월 평균기온
-3°C 미만
최난월 평균기온
10°C 이상</td><td>Df(냉대습윤)
Dw(냉대 겨울 건조)</td></tr>
<tr><td>한대 기후
(E)</td><td>최난월 평균기온
10°C 미만</td><td>T: 툰드라(최난월 0~10°C)
F:빙설(최난월 0°C 이하)</td><td>ET(툰드라)
EF(빙설)</td></tr>
<tr><td>건조 기후
(B)</td><td>연 강수량 500mm 이하
강수량 < 증발량</td><td>S: 스텝(연 강수량 250~500mm)
W: 사막(연 강수량 0~250mm)</td><td>BS(스텝)
BW(사막)</td></tr>
</table>

기준으로 2차 기후 구분을 해서 알파벳 소문자로 표기한 뒤 대소문자 조합으로 세계 여러 지역의 기후를 13개 기후형으로 분류했어요. 1차 기후 구분은 열대, 온대, 냉대, 한대, 건조 기후로, 다시 그 안에서 강수 패턴에 따라 비가 골고루 내리는 기후, 여름이 건조한 기후, 겨울이 건조한 기후, 계절에 따라 바람 방향이 바뀌는 기후(계절풍 기후)로 분류해요. 다만 강수량이 연중 고른 온대 기후는 다시 더운 여름이 있는 온난습윤 기후와 여름이 비교적 서늘한 서안해양성 기후로 3차 구분을 해요. 구체적인 기후형은 위의 표

알프스 빙하 추도식
기후변화로 '다음 200년 동안 모두 사라질 것'으로 우려되는 빙하에 대한 상징적인 의식이었다.

를 참고하고, 다른 책을 찾아보기 바랍니다.

놀랍게도 세계 거의 모든 지역이 이 13개 기후 유형 어딘가에 들어맞습니다. 그리고 대체로 기후형이 비슷한 지역은 주민의 생활방식도 비슷하지요.

최근 기후변화가 심각한 문제라는 말을 많이 합니다. 하지만 이는 이 13개 유형으로 예측되지 않는 날씨가 과거보다 자주 나타난다는 것이지, 이 유형 분류가 무의미해질 정도는 아니에요. 아직까지 이 13개의 기후형은 지구상 여러 지역의 생활방식을 예측

할 수 있는 가장 효과적인 수단입니다. 지도에 이 13개 기후형을 표기하면 가보지 않은 세계 여러 지역의 기후와 지형, 이에 따른 그 지역의 경관과 생활양식을 어느 정도 예측할 수 있어요.

우리나라는 온대 기후일까? 냉대 기후일까?

우리나라는 어떤 기후형에 속할까요?

보통 우리는 온대 기후라고 알고 있지요. 그런데 쾨펜의 기준을 적용하면, 우리나라는 냉대 기후 지역(Dw)과 온대 기후 지역(Cw)이 섞여 있습니다. 냉대 기후는 사계절이 뚜렷하게 구별되는 기후로, 여름이 있으면서 제일 추운 달의 평균기온이 영하 3도 미만인 기후입니다. 영하 3도라면 별로 춥지 않다고 생각할 수 있지만 낮 최고기온을 다 포함한 한 달 평균이 영하 3도 이하이기 때문에 상당히 추운 기후예요. 대한민국을 기준으로 하면 서울, 경기, 강원 영서, 그리고 충북과 경북 일부 지방이 냉대 기후에 해당하고, 나머지 지역은 거의 온대 기후입니다.

그런데 우리나라는 온대 기후 지역 중에서도 비교적 계절의 차이가 큰 기후 지역에 속해요. 뚜렷한 사계절이 있는 기후죠. 온대 기후라고 반드시 사계절이 뚜렷한 것은 아닙니다. 가령 영국, 프랑스, 독일 같은 서안해양성 기후는 여름은 우리보다 덜 덥고 겨울은 우리보다 덜 춥거든요.

뚜렷한 사계절이 꼭 자랑할 일만은 아닙니다. 계절 변화가 뚜렷하다는 것은 남들보다 더 다양한 환경에 적응해야 한다는 뜻이기도 하니까요. 가령 싱가포르나 말레이시아 국민은 덥고 습한 날씨에만 잘 대응하면 되지만, 우리는 더위, 추위, 습한 날씨, 건조한 날씨 모두에 적응해야 합니다. 여름에는 동남아시아 못지않게 덥고 습하며, 겨울에는 러시아나 북유럽 못지않게 춥고 건조합니다. 거기에 특히 비가 여름철에 집중되는 경향이 나타나고 있어서 입이 바짝 마를 정도로 건조한 겨울과 봄, 폭우 피해가 발생하는 여름과 가을이 있습니다. 농담 삼아 '처음 한반도에 터를 잡은 환웅이 부동산 사기를 당했다'라는 말을 하기도 할 정도예요.

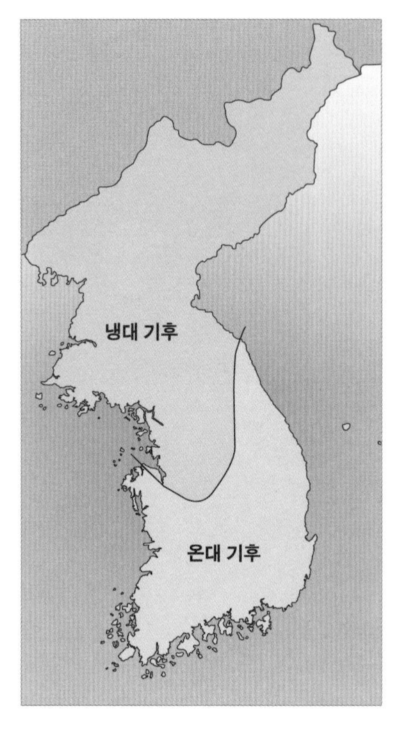

냉대와 온대 기후가 다 나타나는 한반도

이처럼 우리나라 기후는 살기에 편안하기보다는 오히려 까다로운 편입니다. 열대, 한대, 건조 기후를 한 해에 다 경험할 수 있을 정도니까요. 그런데 이런 까다로운 기후가 우리에게 준 선물도 있습니다. 바로 적응 능력입니다. 한국인은 가혹한 자연환경

1970년대 중동의 사막과 독일의 탄광, 병원에서 일하기 위해 고국을 떠난 우리나라 노동자들

에 적응력이 뛰어나기로 유명합니다. 더위에도 강하고 추위에도 강합니다. 평지에서도 강하고 산지에서도 강하며, 바다에도 익숙합니다. 그래서 개발도상국 시절, 수많은 한국인이 세계 곳곳에서 자연환경을 극복하며 외화를 벌었지요. 더운 곳도 추운 곳도 마다하지 않았습니다.

우리나라의 까다로운 기후 덕분에 얻은 또 다른 선물은 쾌적한 집입니다. 유럽이나 일본의 주택은 겨울에 매우 취약해요. 조금만 쌀쌀해도 집에서 덜덜 떠는 경우가 많지요. 하지만 우리나라 사람들은 예로부터 추운 겨울과 더운 여름에 모두 대응할 수 있는 집을 지어왔습니다. 겨울에는 온돌로 집을 데우고, 여름에는 효율적인 통풍으로 더위를 식히지요.

현대식 아파트가 도입된 이후에는 서양식 라디에이터와 전통 온돌을 결합한 독특한 난방 시스템을 개발해 세계 어느 나라보다도 따뜻한 주택을 제공하고 있어요.

급격한 우리나라의 기후변화

기후변화는 점차 전 지구적인 심각한 문제가 되고 있어요. 우리나라도 예외가 아닙니다. 익숙한 기후 패턴에서 벗어나는 기상현상이 점점 늘어나고 있으니까요. 특히 2010년대 이후 기상이변 빈도가 부쩍 늘어났습니다. 기후변화를 흔히 지구온난화라고 하듯이, 우리나라 기후 역시 점점 더워지는 쪽으로 바뀌고 있어요.

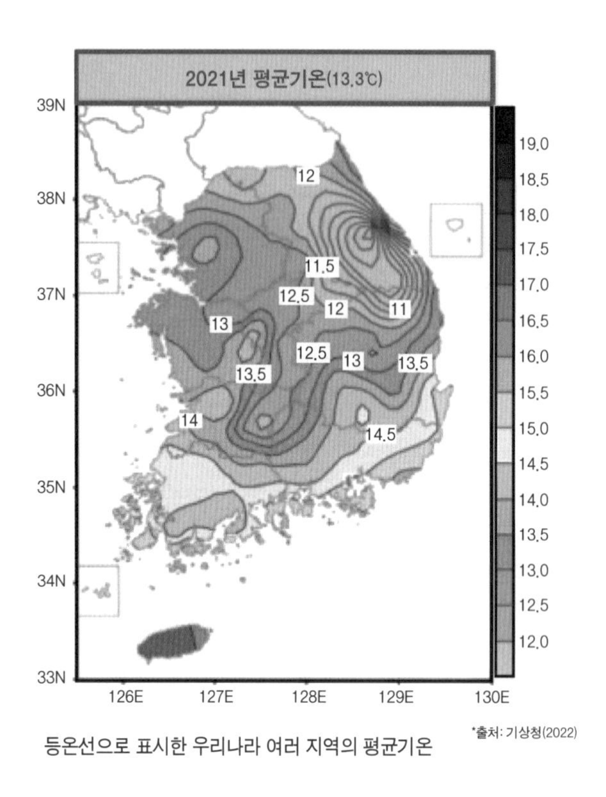

등온선으로 표시한 우리나라 여러 지역의 평균기온

겨울 기온이 점점 올라가면서 냉대 기후로 분류됐던 지역의 1월 평균기온이 영하 3도를 웃돌면서 온대 기후에 가까워지고 있습니다. 서울의 경우, 2018년을 마지막으로 1월 평균기온이 영하 3도 미만으로 내려가지 않습니다. 냉대 기후 기준을 넘어선 거지요.

냉대가 온대로 바뀌고 있다면 원래 온대였던 지역은 어떻게 되는 것일까요? 아직 열대 기후가 되지는 않았습니다. 다만 여름

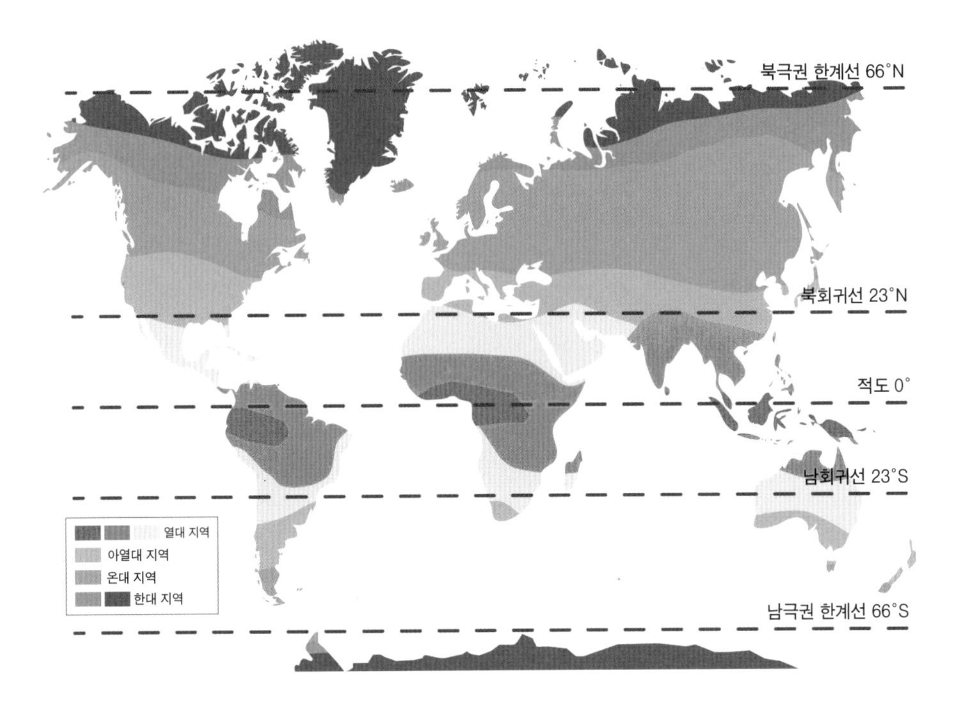

기온을 기준으로 본 세계의 기후 지역

날씨는 어느 열대 기후 지역과 비교해도 손색없을 정도로 덥고, 봄과 가을도 사실상 여름이나 다름없어 일 년의 절반이 여름으로 느껴지기도 합니다. 하지만 열대 기후는 가장 추운 달의 평균기온이 18도가 넘어야 합니다. 아무리 온난화 현상이 심해도 이 정도는 아니지요.

하지만 열대 기후에 가까워지는 지역이 있는 것도 사실이에요. 제주도나 남해안 지역에서는 11월은 물론 심지어 12월 초까지도 외투 없이 셔츠만 입고 돌아다닐 수 있는 날이 많아지고 있습니다. 덥다고까지 하긴 어려워도 겨울이라는 이름에 걸맞은 추위가 사라진 것입니다. 이럴 때 자주 사용하는 용어가 아열대 기후입니다. 거의 열대 기후에 버금간다, 이런 뜻입니다.

그런데 아열대 기후의 기준이 아직 통일되어 있지 않아 나라마다 단체마다 다른 기준을 사용하고 있는 상황입니다. 우리나라 기상청에서는 연평균기온이 15도가 넘으면서 가장 추운 달의 평균기온이 영상 5.1도 이상이면 아열대 기후로 분류해요.

우리에게 익숙한 아열대 지역으로는 대만 북부 지방, 일본 규슈 남부 지방과 오키나와 지방이 전형적인 아열대 기후에 속합니다. 우리나라는 제주도 정도만 아열대 기후로 분류할 수 있어요. 하지만 부산, 통영, 거제, 완도, 여수, 목포 등 남해안 지역의 평균기온이 15도를 넘어섰고, 1월 기온도 5도에 가까워지고 있어 한국 남부 지방 역시 아열대 기후에 바짝 다가서고 있다는 걸 유념해야겠지요.

행정구역, 교통, 산업이라는 계획

우리나라의 인문환경

사회가 복잡해질수록 일자리, 교육, 교통 같은 인문환경이 중요해지지.
고민하고 해결할 과제도 많아진다는 뜻이야.

한국의 행정구역은 어떻게 정해졌을까?

우리가 살아가는 환경에는 지형과 기후 같은 자연환경뿐만 아니라 사람이 만들어낸 여러 제도와 문화 같은 인문환경도 있지요. 사회가 발전하고 복잡해질수록 인문환경의 중요성이 더 커집니다. 오늘날 거주지를 결정할 때 고려하는 것도 기후, 지형 같은 자연환경이 아니라 일자리, 교육, 교통 같은 인문환경입니다.

행정구역은 자연적인 지역 경계가 아니라 정부가 행정상의 필요에 따라 나눈 지역입니다. 우리나라의 행정구역은 전국을 비교적 넓고 큰 규모의 광역자치단체로 나누고, 다시 그 광역자치단체를 기초자치단체들로 나누고 있어요.

광역자치단체는 문자 그대로 전국을 넓은 구역으로 나눈 것입

우리나라의 광역자치단체

니다. 우리나라의 광역자치단체는 고려시대부터 내려온 '도'예요. 도 아래에 시와 군이라는 기초자치단체를 두지요. 하지만 시 중에서 인구가 많거나 특별한 지위를 가진 도시는 기초자치단체가 아니라 광역자치단체가 됩니다. 광역자치단체로 분류되는 시에는 특별시와 광역시가 있습니다. 이에 따라 우리나라는 모두 1개의 특별시(서울특별시)와 1개의 특별자치시(세종특별자치시), 6개의 광역시(인천, 대전, 대구, 울산, 광주, 부산), 7개의 도(경기도, 충청북도, 충청남도, 전라북도, 전라남도, 경상북도, 경상남도), 2개의 자치도(제주특별자치도, 강원특별자치도) 등 17개의 광역자치단체로 이루어져 있습니다.

기초자치단체는 인구 규모에 따라 시와 군으로 구별해요. 그런데 시와 군은 어떤 기준으로 정할까요? 도시는 시, 시골은 군? 인구가 많으면 시, 적으면 군? 그렇다면 그 기준은 몇 명일까요? 우선 시로 지정되려면 인구 5만 명을 넘어야 합니다. 시와 군 아래에는 구(시 아래), 읍과 면(군 아래)이 있습니다. 다만 특별시, 광역시 아래의 구는 기초자치단체이기 때문에 시, 군과 동등한 자격을 가집니다.

자치단체라는 말은 그 장을 주민의 선거로 선출하고 지방의회를 두어 그 지역 고유의 법이라 할 수 있는 조례를 제정할 수 있는 지역을 뜻해요. 각 특별시, 광역시의 시장과 구청장, 각 도의 도지사와 시장, 군수는 모두 직접선거로 선출하며, 각자 의회가 있고 그 의원도 직접선거로 선출합니다.

하지만 그 이하 단위인 특별시, 광역시의 동, 시의 구, 군의 읍과 면은 그 장을 기초자치단체장이 임명합니다. 즉, 서울특별시 성동구청장은 선거로 뽑지만, 안양시 동안구청장은 안양시장이 임명하는 거지요.

행정구역은 자신이 살고 있는 혹은 현재 자리 잡은 곳이 어디인지 확인하는 가장 기본적인 정보라고 할 수 있어요. 따라서 우리나라의 광역자치단체들이 지도상에서 어디에 자리 잡고 있는지, 그리고 그 광역자치단체 안에서 기초자치단체가 어디에 자리 잡고 있는지 어느 정도 알고 있다면 지도를 매우 빠르게 읽을 수 있어요. 또한 지도 형식으로 제공되는 각종 정보를 편리하게 이용할 수 있겠지요.

우리나라의 교통은 어떤 기준으로 설계될까?

거리는 인문환경에서 아주 중요한 요소입니다. 사람들은 일자리, 편의 시설이 가까운 곳에 모여 사니까요. 아무리 좋은 곳이라도 멀리 떨어져 있다면 쉽게 가게 되지 않죠. 그래서 비싼 돈 내고 배달 음식을 먹는지도 몰라요.

기업도 원료 산지와 상품 시장이 가까운 곳에 자리 잡습니다. 기업이 모인 곳에 노동자도 일자리를 찾아 모입니다. 그러면 이 노동자들을 상대하는 서비스업이 모입니다. 물론 이런 곳은 집값과 임대료가 비싸지요. 하지만 거리가 가깝다는 이점이 이 모든 것을 만회합니다.

그런데 교통이 발달하면서 거리 개념이 달라집니다. 거리가 멀어도 빠르고 쉽게 이동할 교통수단이 있다면 가까운 거리에 자리 잡기 위해 비싼 땅값을 부담할 이유가 없거든요. 결국 인문환

시간과 거리를 단축시킨 고속철도 KTX의 개통

경의 가장 중요한 요소는 단순한 거리가 아니라 그 거리를 이동하는 수단, 즉 교통이라고 할 수 있습니다.

우리나라의 교통망은 철도와 고속도로를 중심으로 연결되어 있습니다. 이 중 가장 빠르게 승객과 화물을 수송할 수 있는 교통수단은 철도예요. 우리나라의 철도망은 크게 재래식 철도와 고속철도로 나눌 수 있어요. 2000년대 전까지는 주로 고속도로 위주의 교통망이 발전했지만, 2004년 첫 개통을 시작으로 2010년 경부고속철도가 완전히 개통된 이후 호남선(2015), 경강선(2017), 중앙선(2022) 등 전역에 고속철도가 다니면서 거리 개념이 완전히 달라졌습니다.

그런데 고속철도망을 잘 살펴보면 모두 각 지역과 서울을 연결하는 노선들입니다. 고속철도뿐 아니라 고속도로망도 서울을 정점으로 모여들게 되어 있지요. 우리나라의 정치, 경제, 문화 등 거의 모든 사회적 자원과 인프라가 서울에 집중되어 있기 때문이에요. 따라서 우리나라에서 인문환경으로서의 교통은 서울과 왕래하는 데 들어가는 시간과 비용이 얼마나 적은가의 문제가 됩니다.

최신식 교통수단은 단순한 거리 차이뿐 아니라 지형까지 의미없게 만들었습니다. 이전에는 평탄한 지형의 먼 거리가 험준한 산악 지역의 짧은 거리보다 더 가까운 거리였어요. 가령 서울에서 속초, 양양, 강릉 같은 동해안 도시의 이동은 거리로는 서울-진주 거리의 절반에 불과했지만, 걸리는 시간은 거의 비슷했습니다. 하지만 이제 수많은 터널로 이루어진 서울-양양 고속도로, 서울-강릉 고속철도는 그 시간을 절반으로 줄여버렸지요. 서울에서 천안의 거리는 인천의 두 배가 넘지만, 고속철도로 연결되기 때문에 이동 시간은 오히려 인천의 절반에 불과해요.

그런데 1980년대 우리나라의 철도와 고속도로망을 관련 지도로 보면 오늘날과 크게 다릅니다. 우선 고속철도가 없고, 고속도로도 훨씬 적어요. 철도는 일제강점기 때 설치된 노선에서 크게 달라지지 않았고, 고속도로는 서울과 각 지방의 대표 도시인 부산, 강릉, 광주를 연결하는 세 개의 간선을 중심으로 하고 있어요. 이를 오늘날 고속도로와 비교해 보면, 지방에서 지방을 연결하는

1991년 당시 우리나라 철도와 고속국도

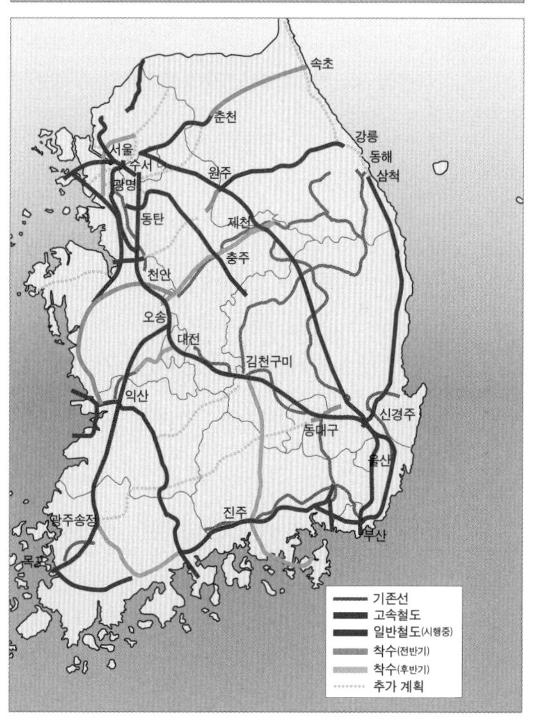

2025년 기준 우리나라 철도망 구축 계획

고속도로는 거의 보이지 않습니다. 모든 것이 서울에 집중되어 있었던 시대의 모습을 잘 보여주지요.

오늘날에는 고속도로가 마치 그물처럼 전국에 골고루 깔려 있습니다만, 이게 꼭 지방의 균형발전에 기여하는 것인지도 다시 생각해볼 필요가 있습니다. 실제로 지방에서 이 고속도로들을 지방에서의 이동 수단보다는 서울, 혹은 광역시에 빨리 합류하는 수단으로 주로 이용하기 때문이지요.

변화하는 우리나라의 산업, 그리고 미래

우리나라는 2차, 3차 산업이 발달한 나라입니다. 1970년대까지만 해도 인구 중 농업, 어업 등 1차 산업에 종사하는 사람이 가장 많았어요. 그러나 그 수는 빠르게 줄어들어 2018년 기준 전체 인구의 5퍼센트 정도만 1차 산업에 종사하고 있습니다. 더구나 이들 대부분이 65세 이상 고령이라 1차 산업 종사자는 3퍼센트 이내까지 줄어들 것으로 보입니다. 도시에서 조금만 밖으로 나가면 바로 논과 밭이 펼쳐진 농촌 풍경인데, 정작 사람은 거의 살지 않는 것이지요.

반면 1980년대 즈음부터 서비스업 종사자가 크게 늘어났어요. 서비스업에는 음식점, 숙박업, 판매업뿐 아니라 각종 사무직, 전문직, 교육직, 그리고 금융업이 다 포함됩니다. 현재 우리나라 취업자 중 80퍼센트 이상이 서비스업에 종사하고 있어요.

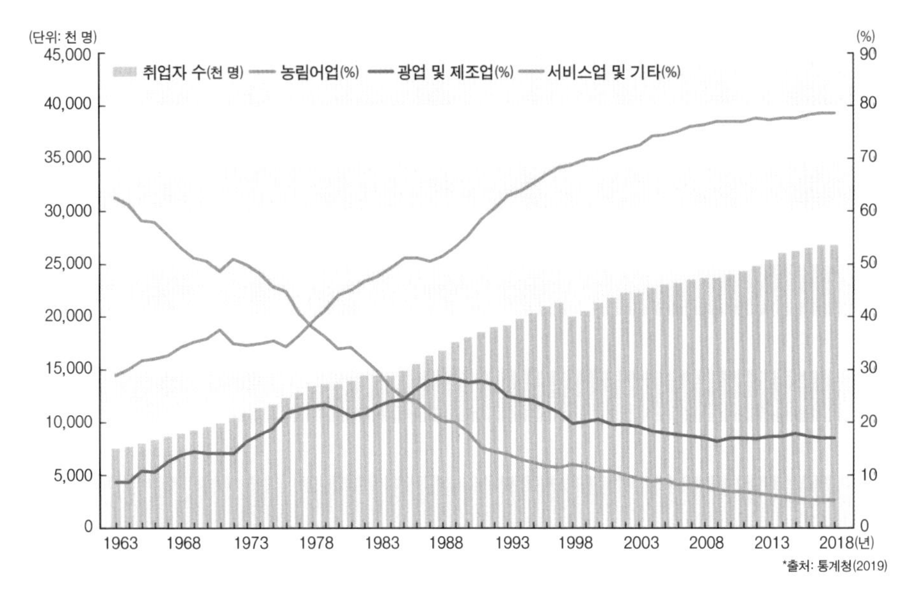

우리나라의 산업구조 변화

그런데 1988년까지 꾸준히 늘어나 전체 취업인구의 30퍼센트에 육박하던 제조업 종사자는 20퍼센트 미만으로 줄어들었고, 앞으로도 계속 줄어들 추세입니다. 우리나라의 제조업이 줄어들었다기보다는 공장자동화, 그리고 중국, 동남아시아 등으로 공장이 이동한 영향으로 보여요.

산업별 부가가치, 한마디로 산업별로 벌어들인 돈의 비율을 보면 이야기가 조금 달라집니다. 이 부가가치를 모두 합치면 바로 국내총생산(GDP)이 되지요. 그런데 1988년 이래 서비스업 종사자가 많이 늘어났는데도 GDP에서 서비스업이 차지하는 비율은 그

우리나라 지역별 산업 규모
(파란색: 제조업,
주황색: 서비스업,
제주특별자치도 제외)

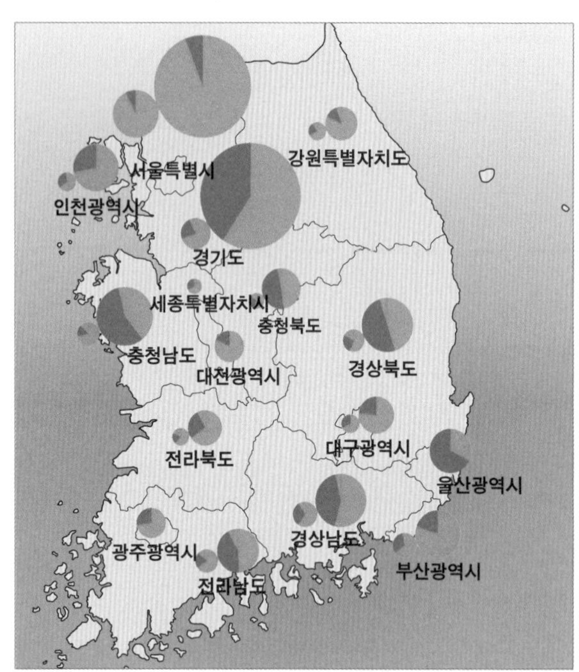

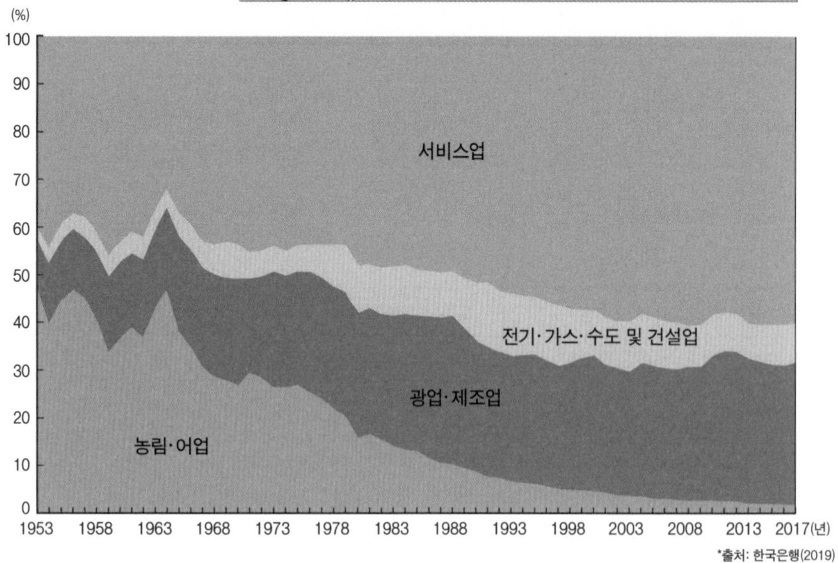

*출처: 한국은행(2019)

우리나라 산업별 부가가치 비중 변화

만큼 늘어나지 않았습니다. 특히 1998년 이후 거의 정체되어 있지요. 반면 종사자 수가 크게 줄어든 제조업이 GDP에서 차지하는 비율이 늘어나고 있고요. 1차 산업이 GDP에서 차지하는 비율은 인구 비율에 훨씬 미치지 못합니다. 선진국(OECD)에서 제조업이 이 정도로 큰 비중을 차지하고, 또 줄어들지 않는 나라는 우리나라와 독일 정도입니다. 한마디로 우리나라는 사무실보다는 공장이 먹여 살리는 나라라고 할 수 있습니다. 더구나 이 제조업 회사들이 중국이나 동남아시아 등에 세운 공장에서 벌어들인 돈까지 생각하면 제조업의 비중은 훨씬 더 커지지요.

그럼 우리나라를 먹여 살리는 공장들이 국내에 자리 잡은 곳은 어디일까요? 어디 옆의 지도를 볼까요? 이 지도에서 파이의 크기는 그 지역에서 생산되는 부가가치의 크기입니다. 그리고 주황색은 서비스업, 파란색은 제조업을 나타내요. 우선 서울특별시와 경기도의 파이 크기가 압도적으로 크다는 것을 확인할 수 있습니다. 이 중 서울은 서비스업의 비율이 극단적으로 높습니다. 반면 경기도는 제조업의 비율이 높지요. 다른 지역의 파란색을 다 합쳐야 경기도의 파란색과 비슷할 정도입니다. 서울에는 금융업을 비롯한 서비스업이 집중해 있고, 경기도에는 각종 고부가가치 제조업이 집중해 있음을 확인할 수 있어요. 그 밖에 충청남도, 경상북도, 경상남도, 울산광역시, 전라남도에 제조업이 많이 몰려 있고요. 그런데 그 안에서도 다시 특정한 지역에 집중해 있습니다. 충청남도는 중국과의 무역 창구인 평택항과 연결되는 아산과 당진, 경상북도는 포항과 구미, 전라남도는 여수, 광양 일대, 경상남도는 창원과 거제에 제조업이 집중되어 있지요. 이와 같이 우리나라의 산업은 서울과 수도권에 대부분 집중되어 있고, 다른 지역은 특정한 몇몇 도시에 집중된 형태입니다. 하지만 다른 지역의 산업을 모두 합쳐도 서울, 수도권보다 비중이 작을 정도라는 걸 명확히 확인할 수 있어요.

산업이 집중되어 있다는 것은 일자리가 집중되어 있다는 뜻입니다. 그러면 젊은 사람들은 일자리가 있는 곳을 찾아갈 수밖에 없습니다. 안 그래도 우리나라는 저출산, 고령화 때문에 고민이 큰 나라입니다. 부족한 생산가능인구마저 죄다 서울과 경기도로 집중되면 다른 지역은 어떻게 될까요?

그런데 수도권에 산업이 집중된 것이 일부러 그런 게 아니라 다 이유가 있습니다. 기업들에게 억지로 지방으로 가라고 할 수는 없는 일이니까요. 그렇다면 지방이 살아날 길은 무엇일까요?

한반도의 지정학

지리를 둘러싼 정치학

이웃은 잘 만나야 하고, 친구는 잘 사귀어야 하지.

두 세력이 마주치는 한반도의 숙명

지정학은 어떤 나라가 위치한 자리의 특성이 정치, 경제, 안보 등에 미치는 영향을 연구하는 학문입니다. 지리정치학이 좀 더 정확한 번역이지만, 이미 지정학이라는 말이 정착된 상황이라 이 용어를 계속 사용합니다. 자리의 힘은 매우 중요해요. 같은 힘을 가진 나라라도 강대국 사이에 자리한 나라와 약소국 사이에 자리한 나라 혹은 바다 가운데 자리한 나라의 운명은 상당히 달라지니까요.

19세기 말 독일의 명재상 오토 폰 비스마르크(Otto von Bismarck)는 이런 농담을 하기도 했습니다. "미국은 운이 좋은 나라다. 북쪽과 남쪽에는 약한 나라가 있고, 동쪽과 서쪽에는 물고기가 있다."

미국이 지정학적으로 이득을 많이 보고 있다는 뜻이지요. 미국은 주변에 강적이 없으니 드넓은 아메리카 대륙을 사실상 독차지하고, 동쪽과 서쪽으로는 대서양과 태평양이 아무 장애물 없이 펼쳐져 있으니 얼마든지 세계로 뻗어 나갈 수 있었습니다.

우리나라는 어떨까요? 우리나라도 미국처럼 자리 덕을 크게 보고 있을까요? 안타깝지만 그렇지 않습니다. 지형과 기후도 훌륭한 편은 아니었는데 자리마저 고달픈 셈입니다.

우리나라의 자리는 한마디로 강대한 세력들이 서로 충돌하고 힘을 겨루는 경계입니다. 경계에 있는 나라는 결국 충돌하는 세력 중 어느 하나에 흡수되는 경우가 대부분이지요. 만약 경계에서 독립을 유지하려면 엄청난 노력이 필요하고요.

우리나라 주변을 한번 둘러볼까요? 북쪽에는 북한, 그리고 북한의 뒤를 봐주는 중국과 러시아가 있습니다. 북한은 그리 강한 나라는 아니지만, 문제는 핵을 가지고 있다는 것입니다. 그리고 러시아와 중국은 세계에서 두 번째와 세 번째(평가 기준에 따라 첫 번째인 미국은 그대로지만 2, 3위는 왔다 갔다 합니다)로 강한 나라들입니다.

19세기 프랑스 작가의 삽화
조선이라는 물고기를 낚으려는 중러일 열강의 입장을 표현했다.

동쪽과 남쪽은 어떨까

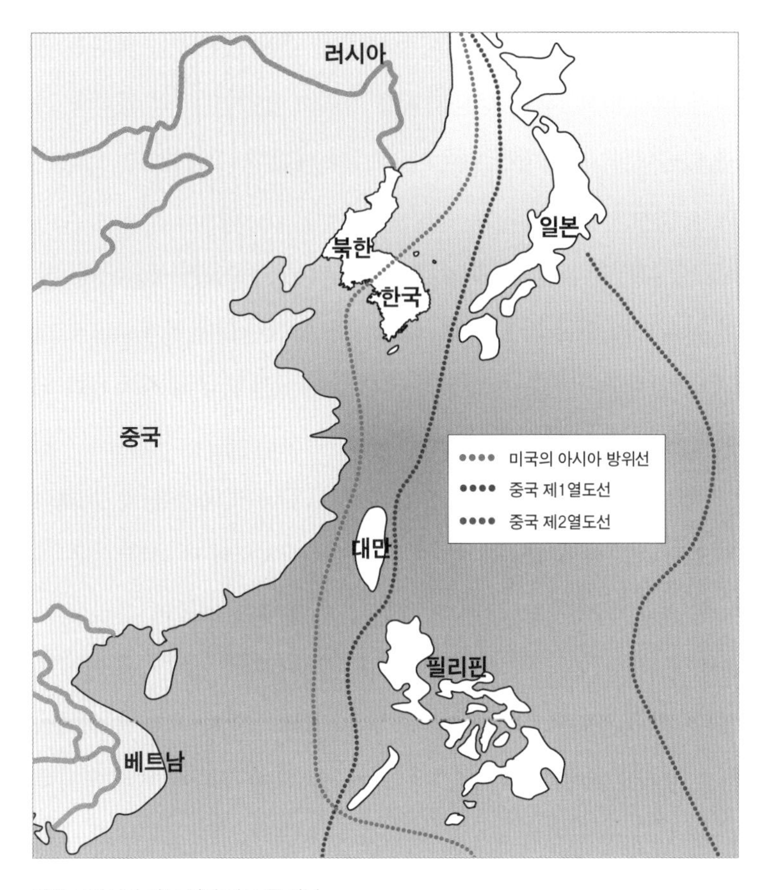

미중 동아시아 안보 전략 지도 중 하나
미국과 중국이 생각하는 바다 위의 경계선을 짐작할 수 있다.

요? 동쪽에는 일본이 있습니다. 우리나라 사람들은 일본을 대수롭지 않게 보는 경향이 있는데 세계에서 일본을 우습게 아는 사람들은 한국인뿐이라는 농담이 있지요. 일본은 세계에서 4, 5위로 꼽히는 강대국입니다. 남쪽에는 바다가 펼쳐지지만, 이 바다는 필리핀, 오키나와, 괌에 군사기지를 가지고 있는 미국의 영향력 아래 있습니다. 최근에는 미국이 여기에 대만까지 연결하여 일본과 함께 중국에 대립하고 있지요.

미국과 중국의 힘겨루기에서도 우리는 자유롭지 못합니다. 중국은 북한의 뒤를 봐주고 있고, 미국은 우리나라에 군대를 주둔하고 있기 때문이에요. 한반도가 그대로 미국과 중국의 경계선이 되어버린 것이죠.

앞의 지도를 보면 미국과 중국은 모두 우리나라를 자기 세력권으로 간주하고 있음을 알 수 있습니다. 지도에서 파란 선은 미국의 아시아 방위선, 그리고 빨간 선은 중국이 미국의 접근을 거부하는 경계선인 제1열도선입니다. 우리나라는 빨간 선 안에도 파란 선 안에도 들어 있습니다. 두 강대국이 저마다 자기 영역이라고 주장하고 있는 거지요. 우리나라와 함께 대만이 이런 처지에 있어요. 중국이 만약 대만을 무력으로 침공한다면 그게 남의 나라 일이 될 수 없는 까닭이 여기 있습니다. 더구나 우리나라는 대만보다도 더 위태로운 자리에 있습니다. 대륙과 바다의 경계에 자리 잡은 반도 국가이기 때문이에요. 반도는 대륙이 바다로 뻗어 나가는 돌출부입니다. 반대로 바다에서는 대륙에 가장 쉽게 확보할 수 있는 교두보고요. 바다로 뻗어 가려는 대륙 세력은 반도를 통해 나가고, 대륙으로 진출하려는 해양 세력은 우선 반도를 확보하려

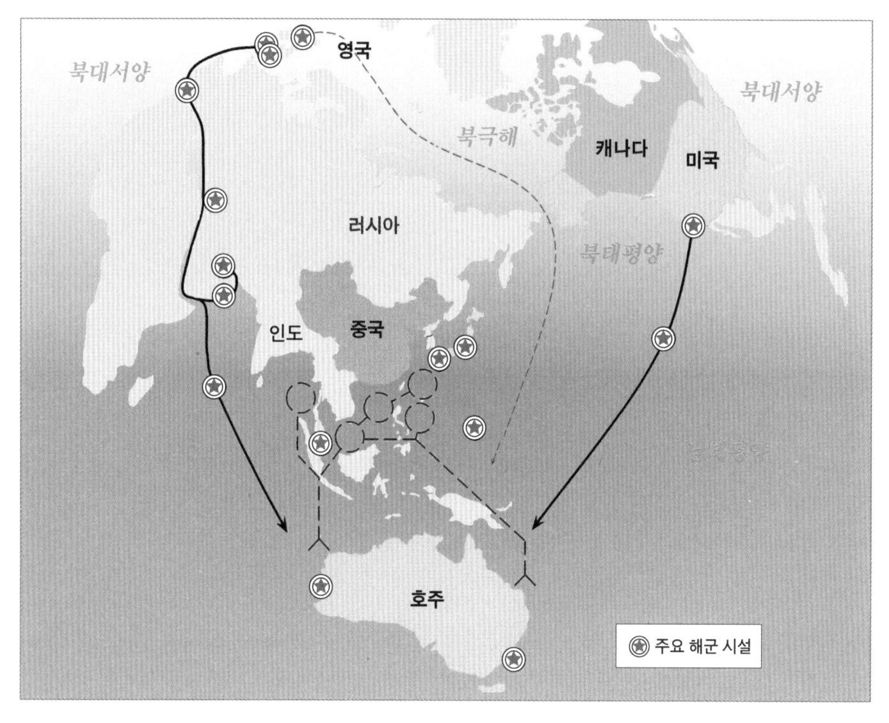

미국과 그 동맹국들의 중국 봉쇄망

듭니다.

실제로 우리는 대륙 세력과 해양 세력이 우리를 통로로 삼는 바람에 큰 피해를 겪은 역사가 두 번이나 있지요. 먼저 대륙 세력이 팽창하여 해양으로 진출한 경우예요. 바로 대륙을 완전히 평정한 몽골제국입니다. 몽골제국은 고려를 통해 해양 세력인 일본 정벌을 감행했습니다. 이를 위해 고려에 군대를 주둔하고, 고려의

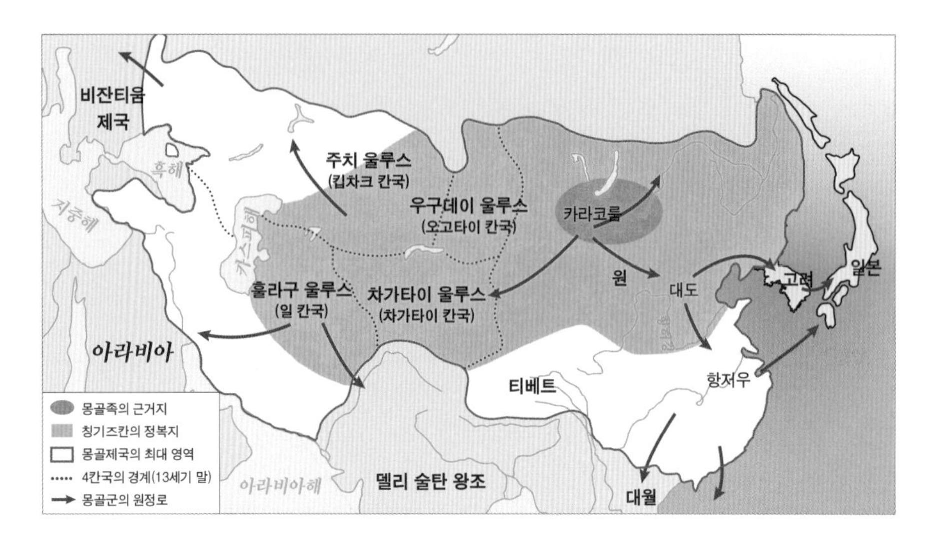

한반도를 통해 바다로 진출한 대륙 세력인 몽골제국

자원을 수탈하고 속국화해 엄청나게 내정 간섭을 했지요. 그나마 몽골제국 이후 대륙을 지배한 명제국, 청제국은 해금정책(민간인의 해외무역을 금지하고 정부가 바다를 통제한 정책)을 실시하여 해양으로의 진출을 포기했고, 덕분에 조선은 긴 시간 평화를 누릴 수 있었어요.

하지만 이번에는 해양 세력인 일본이 팽창했습니다. 전국시대를 통일하고 국력이 팽창한 일본은 명나라를 정벌한다는 명분으로 조선에 쳐들어왔습니다. 바로 임진왜란입니다. 임진왜란은 단순한 한일전이 아닙니다. 우리나라를 전쟁터 삼아 명나라와 일본이 맞붙은 동아시아 대전이지요. 임진왜란 당시 일본은 "명나라를 치러 가니 길을 빌려달라"라는 핑계를 댔습니다. 이 중 빌려달라는 말은 당연히 거짓말이지만 명나라를 치러 갈 생각까지 한 건 사실이에요. 명나라가 무려 연인원 40만이라는 엄청난 병력을 동원해 일본과 싸운 것은 단지 조선을 도와주기 위해서가 아니었습니다. 자기 영토까지 오기 전에 일본의 대륙 진출을 한반도를 전쟁터 삼아 차단하기 위해서였지요.

임진왜란에서 패퇴한 일본은 이후 300년간 잠잠했지만, 근대화의 성공으로 국력이 팽창하고 반대로 청제국의 힘이 약해지자 다시 대륙 진출을 시도했지요. 이때도 대륙 세력인 중국, 러시아와 해양 세력인 일본은 한반도에서 충돌했습니다. 이 두 전쟁에서 승리한 일본은 우리나라를 식민지로 만든 뒤 대륙 침략의 교두보이자 통로로 삼았어요.

이렇게 두 세력 사이에서 전쟁터가 되는 위치에 있다 보니 우리 조상들은 전쟁의 참화를 피할 수 있는 땅을 애타게 찾았습니다. 조선시대의 유명한 예언서『정감록』에서도 전란을 피할 수 있는 지역 열 군데를 소개하면서 '십승지지(十勝之地)'라고 불렀어요. 십승지지는 조금씩 차이는 있지만 대략 다음과 같아요. 우리나라 지도를 보고 이곳이 과연 전쟁을 피해 평화롭게 살 수 있는 땅인지 직접 판단해보기를 바랍니다.

충청남도 공주시 마곡, 전라북도 무주군 무풍, 충청북도 보은

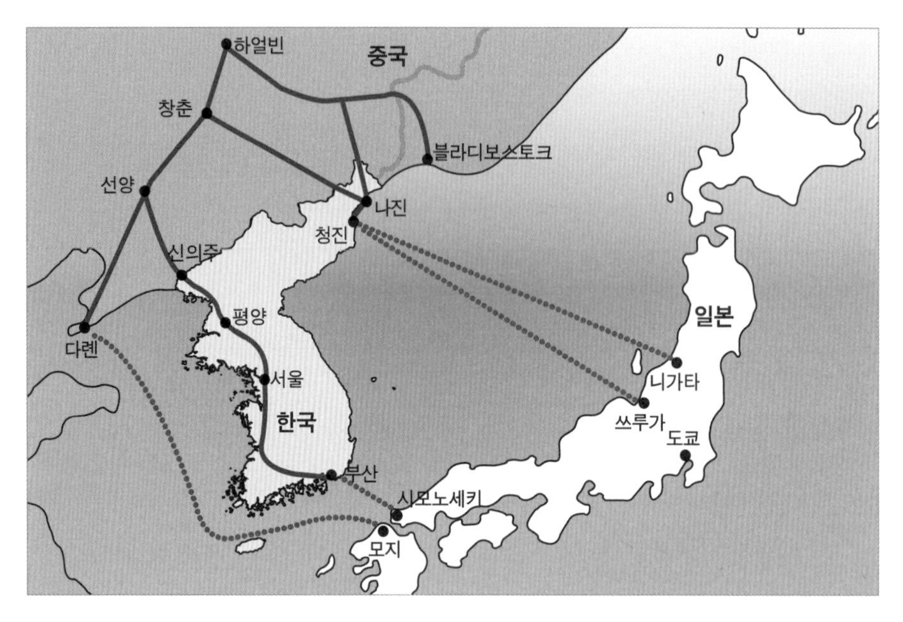

한반도를 통해 대륙으로 진출한 해양 세력 일본

군 속리산, 전라북도 부안군 변산, 경상북도 성주군 만수동, 경상북도 봉화군 춘양, 경상북도 예천군 금당실, 강원도 영월군 동강 상류, 전라북도 남원시 운봉면 두류산, 경상북도 영주시 풍기면 금계촌

그런데 21세기 들어 이 해양 세력과 대륙 세력의 대립은 규모가 훨씬 커져 동아시아 수준을 넘어 세계 수준이 되고 말았습니다. 한쪽에서는 미국, 일본, 호주가 삼각동맹을 맺고 거대한 해양

해양 세력인 미국·인도·일본·호주 정상회담(쿼드)
대륙-해상 세력의 경계에 위치한 한반도는 더욱 현명한 외교, 군사 정책이 필요하다.

세력을 이루고 있습니다. 다른 쪽에서는 중국과 러시아가 거대한 대륙 세력을 이루고 있지요. 2010년대 이후 대륙 세력인 중국이 바다로 진출하여 해양 세력에 도전하고 있고요. 그러자 해양 세력은 중국의 진출을 대륙과 해양의 경계인 한반도에서 막고자 합니다. 이 정도 규모면 십승지지에 숨어봐야 아무 소용 없을 것 같습니다. '고래 싸움에 새우 등 터진다'라는 속담이 떠오르네요.

하지만 너무 좌절할 필요는 없어요. 우리나라와 저 나라들의 격차가 고래와 새우 수준은 아니니까요. 굳이 비유하자면 고래와 범고래 정도는 됩니다. 새우는 고래 싸움이 나면 도망치지 않으면 무조건 등이 터지지만, 범고래는 만만치 않기 때문에 저 사이에서 나름의 역할을 할 수 있어요. 역사상 그 어느 때보다도 현명하고 영리한 우리나라의 외교, 군사 정책이 필요한 시기입니다.

의외로 강한 나라, 대한민국

우리나라 사람들은, 특히 어른들은 우리 스스로를 약소국으로 생각하는 데 익숙합니다. "약소국의 설움", 이런 말도 많이 해요. 실제 우리나라 역사를 보면 전형적인 약소국의 역사예요. 늘 주변 나라의 침략에 시달렸고, 그중 사실상 멸망하여 지배받은 경우도 여러 차례 있습니다.

하지만 2020년대를 기준으로 보면 우리나라는 엄연히 강대국입니다. 그냥 우리끼리 '정신승리' 하는 말이 아니라 국제사회 기준으로 그렇습니다. 이를테면 《US뉴스》(2022)에서 인구, 군사력, 경제력, 문화적 영향력 등을 종합적으로 평가해 매긴 세계 강대국 순위에서 우리나라는 미국, 중국, 러시아, 독일, 영국, 일본, 프랑스 다음 자리인 8위를 차지하고 있어요.

2000년대 이전에 태어난 세대에게는 이 순위가 무척 생소합니

전 세계가 주목한 경제 성장을 이룬 한국의 현재

다. 우리를 영국, 프랑스와 같은 위치에 두고 있으니까요. 심지어 조사 주체에 따라서는 일본, 프랑스보다 더 위에 두는 순위도 있습니다. 하지만 2000년대 이후에 태어난 세대에게는 이게 당연하게 느껴질지도 모르겠습니다. 우리나라가 강세를 보이는 부분은 첨단기술, 군사력, 그리고 최근에 부쩍 높아진 문화적 영향력입니다. 그중 군사력의 경우는 미국, 러시아, 중국, 인도, 일본에 이어 6위를 차지하고 있어요. 만약 무기 생산 능력까지 감안하면 미국, 러시아, 중국 다음일 수도 있고요.

《US뉴스》가 선정한 세계 10대 강대국(2022)

순위	국가명	GDP	인구
1	미국	$21.40(조)	3.38억
2	중국	$14.30(조)	14.2억
3	러시아	$1.69(조)	1.4억
4	독일	$3.86(조)	8,336만
5	영국	$2.83(조)	6,750만
6	일본	$5.06(조)	1.2억
7	프랑스	$2.72(조)	6,462만
8	대한민국	$1.65(조)	5,181만
9	사우디아라비아	$7,930(억)	3,640만
10	아랍에미리트(UAE)	$4,210(억)	944만

여권 순위로 본 출입가능국(헨리여권지수, 2021)

	국가명	순위	무비자 출입가능 국가 수
	일본	1	191
	싱가포르	2	190
	대한민국	3	189
	독일	3	189
	이탈리아	4	188
	핀란드	4	188
	스페인	4	188
	룩셈부르크	4	188
	덴마크	5	187
	오스트리아	5	187

우리나라는 국가 이미지도 아주 좋습니다. 이것을 가장 잘 보여주는 것이 여권 파워예요. 여권 파워는 그 나라 여권을 가지고 사전입국허가(비자) 없이 자유롭게 여행할 수 있는 나라의 숫자입니다. 어느 나라 국민이냐에 따라 입국심사 때 "환영합니다"라는 인사를 받기도 하고 "여기 왜 왔나요? 혹시 불법취업? 범죄?" 이렇게 의심받기도 한다면, 그게 그 나라의 국제적인 위상을 가장 잘 반영하는 지표라고 할 수 있어요.

우리나라의 여권 파워는 2021년 헨리여권지수(Henley Passport Rating)에 따르면 일본, 싱가포르에 이어 세계 3위예요. 우리 다음 자리가 독일, 이탈리아, 핀란드 등이고요(미국은 자국의 입국 절차가 까다로워 상대적으로 여권지수가 낮습니다). 2023년 1분기에는 싱가포르와 공동 2위를 차지했습니다. 대한민국 여권 소지자는 세계 어느 나라를 가너라도 환영받고, 불법취업자 혹은 범죄자라는 의심을 받지 않는다는 뜻입니다. 이런 것을 흔히 '국격'이라고 말하지요. 이 여권 파워는 우리나라가 국격이 매우 높은 나라라는 점을 잘 보여줍니다.

따라서 우리가 해양 세력과 대륙 세력의 힘겨루기 틈에 끼어 있긴 하지만, 임진왜란 당시나 혹은 청일전쟁, 러일전쟁 시대와는 그 위상이 크게 달라졌다는 걸 실감할 수 있어요. 세계 정세에 마냥 수동적인 대상, 심지어 전쟁터에 불과했던 나라가 아니라 우리의 입장에 따라 정세가 달라질 수도 있는 그런 나라가 된 것입니다. 그렇다면 2020년대 이후 우리나라의 지정학은 오히려 명당이라고 할 수도 있습니다. 물론 잘 활용한다면 말이죠.

해양 세력과 대륙 세력의 경계라는 한반도의 지정학은 두 거대 세력이 다투는 틈바구니일 수도 있지만 다르게 보면 두 세력의 허브가 될 수도 있습니다. 틈바구니가 되느냐, 허브가 되느냐는 우리가 어떻게 하느냐에 달린 일이지요. 실제로 우리 조상들은 때로는 허브로서 번영을 누리고, 때로는 틈바구니가 되어 침략을 당했습니다. 허브가 될지 틈바구니가 될지는 이제 후손인 우리 몫이 되겠지요. 그런데 허브가 되려면 우선 우리 자신의 장점에 대해 잘 알아야 하고, 주변 다른 나라들에 대해서도 잘 알아야 합니다. 사회 공부를 열심히 하라는 말이지요, 결국.

우리나라의 관광 자원

국립공원

관광, 하면 역시 국립공원이 최고지.
국립공원, 어디까지 가봤니?

국립공원은 어떻게 정해질까?

관광산업은 '굴뚝 없는 공장'이라 불릴 정도로 서비스업에서 중요한 위치를 차지하고 있습니다. 관광산업은 입장료 수입 등 그 자체 수입보다 관광객이 교통비, 식음료비, 숙박비, 유흥비, 기념품 구입비 등으로 지출하는 파생 수입이 큰 비중을 차지해요.

관광객은 왜 몰려올까요? 그들을 끌어들일 만한 것들이 있기 때문이지요. 볼거리, 놀거리 등과 같이요. 이처럼 사람들을 끌어모으는 원인이 되는 것들이 바로 관광 자원입니다. 관광 자원에는 여러 가지가 있는데, 아름답거나 신기한 자연 경관, 역사적으로 가치 있는 유적이나 유물, 음식, 공연, 예술 같은 문화 자원, 흥겹고 재미있는 축제 등 매우 다양하지요.

우리나라는 영토 크기에 비해 관광 자원이 상대적으로 많은 나라예요. 옛날부터 금수강산이라 불릴 정도로 자연 경관이 아름다운 곳이 많고, 또 길고 복잡한 역사를 이어온 나라라 문화 유적도 많지요. 더욱이 하나의 전통을 오래 유지해온 나라가 아니라 빠르게 변화해온 나라라서 동양과 서양, 전근대와 현대가 뒤섞인 독특한 문화 경관 역시 풍부합니다.

우리나라의 관광 자원은 대부분 국립공원을 중심으로 분포되어 있어요. 사실 국립공원은 관광만을 목적으로 지정하는 곳은 아니에요. 자연 경관이 뛰어나고 학술적·문화적 가치가 높아 국가가 관리하고 보전해야 하는 구역을 국립공원으로 지정합니다.

물론 국립공원은 대부분 관광 자원으로서의 가치가 높은 곳들이에요. 하지만 어디까지나 그 1차적인 목적은 보전입니다. 세계 최초의 국립공원은 미국의 옐로스톤국립공원인데, 우리나라 최초의 국립공원은 1967년에 지정된 지리산국립공원입니다.

우리나라는 국토 대부분이 산으로 이루어진 나라라고 했지요? 그래서 국립공원 대부분이 산악 지역이며(달리 말하면 얼마 안 되는 평지는 대부분 개발되어 보전 가치가 없기도 합니다), 23개 국립공원 중 3개의 해상·해안(다도해해상, 한려해상, 태안해안), 1개의 반도(변산반도), 1개의 사적(경주) 국립공원을 제외한 18개가 모두 산악 지역입니다.

국립공원을 찾을 때 꼭 명심할 점은 국립공원의 목적은 관광

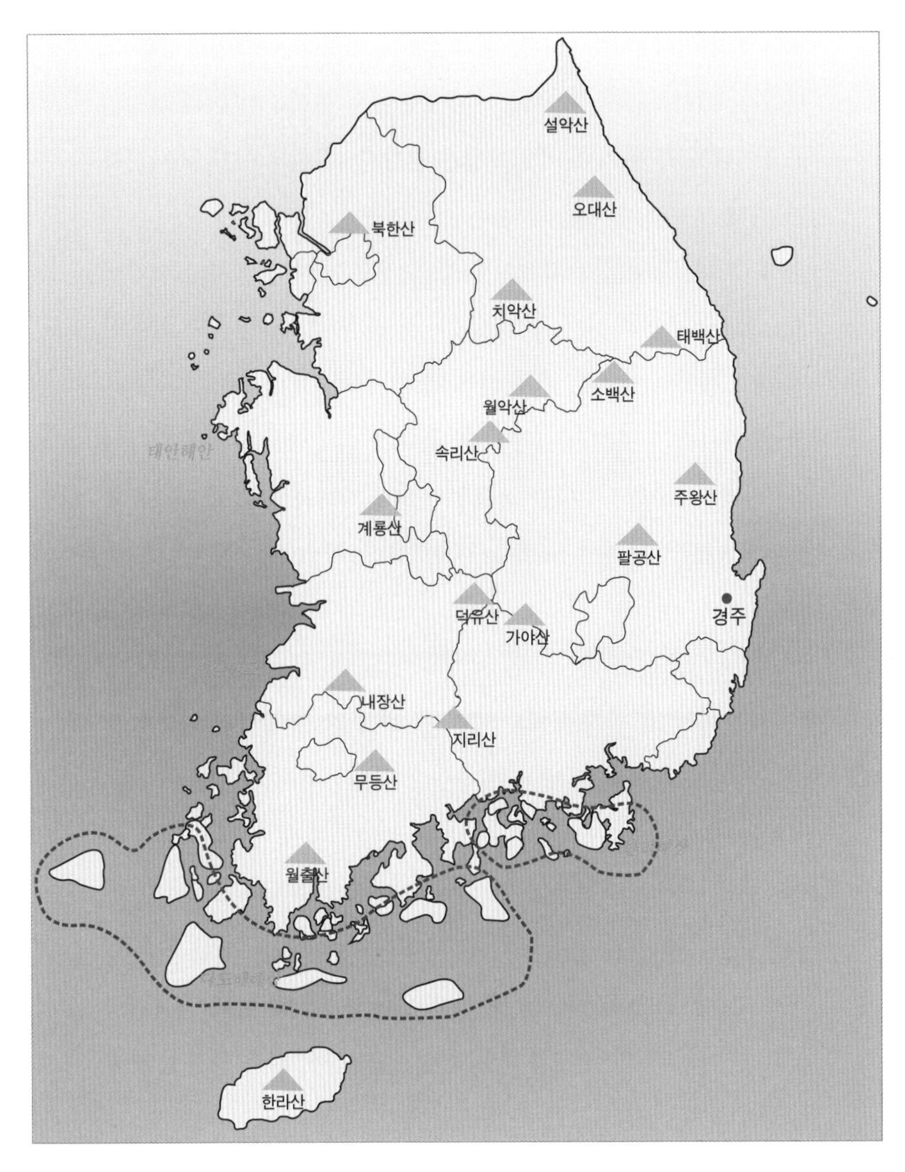
설악산
오대산
북한산
치악산
태백산
소백산
월악산
속리산
태안해안
주왕산
계룡산
팔공산
경주
덕유산
가야산
내장산
지리산
무등산
월출산
한라산

우리나라의 국립공원

보다 보전이라는 것입니다. 국립공원은 아름다운 자연환경과 의미 있는 역사 유적을 잘 보전하여 후손에게 물려주기 위해 지정된 곳들이니까요. 따라서 국립공원을 탐방할 때 현재 상태를 보전하기 위해 모두 노력해야 합니다. 쓰레기를 남기고 오는 것은 당연히 안 되며, 무엇인가 가지고 나오는 것도 철저히 금지되어 있어요. 국립공원 안에서는 풀 한 포기, 꽃 한 송이, 돌 하나도 허가받지 않고 들고 나와서는 안 된다는 걸 기억해주세요.

우리나라의 멋진 국립공원 몇 군데를 소개하면 다음과 같습니다. 지면상 소개하지 못한 국립공원들도 기회가 되면 방문해보세요(국립공원공단 www.knps.or.kr 사이트 참조).

북한산국립공원: 수도 한복판에 자리한 공원

세계에서 보기 드물게도 수도에 자리 잡은 국립공원입니다. 이렇게 수도 한복판에 보전 가치 높은 자연공원이 자리 잡은 것은 서울과 경기도 주민에게 크나큰 행운입니다. 수도에 자리 잡은 국립공원은 우리의 북한산 외에는 대만 타이베이 근교에 있는 양밍샨국립공원 정도가 손꼽히지요. 북한산국립공원은 북한산뿐 아니라 도봉산도 포함하는데, 두 산은 우이령을 통해 서로 연결되어 있어요. 사실 북한산, 도봉산, 수락산, 불암산이 모두 연결된 거대한 화강암 덩어리라고 할 수 있습니다.

북한산과 도봉산은 우리나라에서 몇 손가락 안에 꼽히는 아름

북한산국립공원의 아름다운 여름 풍경

북한산 둘레길 코스

다운 산입니다. 만약 서울 근처가 아니라 전라도나 경상도에 자리 잡았다면 서울에서 몇 시간씩 차를 타고 일부러 찾아갈 정도의 명승지가 되었을 겁니다. 둘레길 코스도 좋고 수도권이다 보니 연간 탐방객 수가 국립공원 23곳 중 가장 많은 곳이기도 해요.

속리산국립공원: 천년고찰의 숨결

충청북도 보은군과 경상북도 상주시에 걸쳐 자리 잡고 있어요. 천왕봉(1,058m)을 최고봉으로 하는 속리산과 그 주변의 대야산, 군자산, 도명산 등을 포함하고 있는 국립공원입니다. 속리산은 온갖 모양의 아름다운 바위들이 마치 수석 전시장처럼 늘어선 멋진 산이지요. 숲도 울창하고 바위 사이로 흐르는 계곡도 아름다운 데다 천년고찰이자 세계문화유산으로 지정된 법주사까지 자리 잡고 있어 전국에서 많은 관광객이 찾아옵니다. 등산객들은 온갖 기암괴석이 전시장처럼 늘어선 천왕봉, 문장대 사이의 능선 경관을 즐길 수 있어요. 등산이 부담스러운 사람이라면 법주사-세심정 사이에 잘 가꾸어진 아름다운 계곡 산책로인 세조길만 왕복해도 2시간 코스여서 충분히 자연을 즐길 수 있습니다.

계룡산국립공원: 명산이라는 이름 그 자체

충청남도 공주시, 계룡시, 논산시와 대전광역시에 걸쳐 있습니다. 조선의 건국자 태조 이성계가 한때 북한산이 아니라 계룡산

보전 가치가 높은 소백산국립공원의 부석사 정경

자락에 도성을 정할 것을 고민했을 정도로 오래전부터 명산으로 알려진 곳이에요. 높이는 847미터로 그렇게 높지 않지만, 산세가 상당히 커서 북쪽은 공주, 남쪽은 대전에 걸쳐 있지요. 제2의 수도권이라 할 수 있는 대전 대도시권에 가까워서 주말 북한산과 마찬가지로 주말 계룡산도 인파로 가득 차곤 합니다.

소백산국립공원: 산 위에는 꽃밭, 둘레에는 세계문화유산

충청북도 단양군과 경상북도 영주시에 걸쳐 있고 비로봉(1,439m)을 최고봉으로 하는 큰 산입니다. 태백산과 더불어 '양백

(兩白)'이라 불리며, 백성을 살리는 신성한 산으로 숭상받아온 산입니다. 이름은 소백이지만 산의 규모나 경관은 오히려 태백산을 압도하지요. 봄에는 철쭉, 여름에는 원추리, 가을에는 억새, 겨울에는 눈꽃과 상고대가 능선을 가득 덮어 '하늘 위의 꽃밭'이라고 불리기도 해요.

비로봉에서 연화봉을 잇는 주 능선은 산세가 웅장하면서도 부드럽고, 주목을 비롯한 고산지대 특유의 식생이 잘 발달하여 생태적 가치가 매우 높아요. 주변에는 석회암 지형이 빚어 놓은 단양팔경 등의 기암괴석과 고수동굴, 천동굴 등의 종유굴이 있고, 넓은 충주호도 펼쳐져 있어요. 부석사, 소수서원 등 세계문화유산도 있어서 국내 여행지로 늘 몇 손가락 안에 꼽히는 곳입니다.

설악산국립공원: 누가 뭐래도 대한민국 자연경관 일등

강원도 속초시와 양양군, 인제군, 고성군에 걸쳐 있는 설악산은 높이로는 1,708미터로 한라산, 지리산에 이어 세 번째지만, 산세나 경관으로는 단연 우리나라를 대표하는 산이에요. 해외여행이 일반화되기 전에는 제주도와 더불어 가장 가고 싶어 하는 여행지로 꼽혔지요. 설악산은 산이 높고 험해 일부 등산로 외에는 사람이 접근하기 어렵습니다. 그만큼 자연 상태가 잘 보전된 생태의 보고입니다. 또 수많은 바위와 절벽이 절묘한 모양을 이루고 있고, 우리나라에서 보기 드문 깊숙한 계곡이 발달하여 사계절 아무

설악산국립공원의 압도적인 공룡능선

때나 찾아도 절경을 즐길 수 있는 곳이지요.

그중에서도 특히 단풍이 유명해, 단풍이 절정을 이루는 10월 중순에는 인파가 너무 밀려 속초시와 양양읍에 출퇴근 시간대 서울을 연상시키는 교통혼잡이 일어나기도 하지요. 그런가 하면 시원한 계곡과 드넓은 모래사장이 발달한 동해안을 동시에 즐길 수 있는 위치에 있어, 여름철에는 수도권에서 양양까지 이어지는 고속도로에 명절보다도 심한 정체가 발생할 때가 많아요.

오대산국립공원: 아름다운 계곡길을 걷다

설악산이 화려하고 험준한 절경을 자랑하는 산이라면, 오대산은 푸근한 능선과 울창한 숲을 품고 있는 산입니다. 설악산이 올라가서 보는 맛이라면 오대산은 들어가서 느끼는 맛이라고 할까요? 최고봉인 비로봉이 1,563미터로 상당히 높은 산이지만 의외로 올라가는 길이 잘 다듬어지고 평탄해서 등산 경험이 많지 않은 사람에게도 쉽게 멋진 전망을 허락하는 인심 좋은 산입니다. 특히 정상까지 올라가지 않더라도 천년고찰인 월정사와 상원사를 연결하는 아름다운 계곡길인 선재길이 8킬로미터 이상 펼쳐져 있어 큰 산의 품으로 들어가는 맛을 잘 보여줍니다.

이곳 역시 단풍이 한창인 10월 중하순에는 엄청난 인파가 몰려옵니다. 오대산과 능선으로 연결된 노인봉 자락에서 주문진 방향으로 흘러내려 가는 계곡은 그 아름다움이 금강산에 버금간다

오대산국립공원의 유서 깊은 전나무길

고 하여 '소금강'(小金剛, 작은 금강산)이라고 불립니다.

태백산국립공원: 단군신화의 발상지

해발 1,567미터로 우리나라에서 다섯 번째로 높은 산입니다. 하지만 태백고원의 해발 1,000미터 가까이 되는 구역까지 도로가 이어져 있어 막상 정상까지 올라가는 등산로는 그렇게 길지 않습니다. 또 산세가 높이에 비해 아담하고 순해 초보자도 손쉽게 오르고 내릴 수 있어요.

사실 태백산은 그 경관을 즐기기보다는 의미를 새기는 것이 중요한 국립공원입니다. 바로 이곳이 단군신화의 발상지이기 때문이지요. 당골계곡에는 단군을 기리는 성전이 있고, 정상에는 단군왕검이 하늘에 제사를 지냈다는 천제단이 있어요. 해마다 전국체전에서 사용하는 성화를 채화하는 곳도 바로 이곳이에요.

지리산국립공원: 대한민국 국립공원 1호

국립공원 1호인 지리산은 호남 지방뿐 아니라 영남 지방에도 걸쳐 있는 매우 큰 산입니다. 해발 1,915미터로 대한민국의 산 중에서 육지에 있는 산으로는 가장 높습니다. 정상인 천왕봉은 경상남도에 있지만, 화엄사, 성삼재, 피아골, 뱀사골 등 탐방객이 주로

지리산국립공원에 위치한 쌍계사의 벚나무길

찾는 코스가 전라북도 남원시와 전라남도 구례군에 많이 있어요. 그래서 3개 도에서 모두 자기 지역의 산으로 봅니다.

지리산은 육지에서 가장 높은 산일 뿐 아니라 능선도 가장 길어 천왕봉에서 노고단 사이 주 능선만 25킬로미터에 이릅니다. 직선거리가 그렇고 걸어가면 40킬로미터 이상을 걸어야 합니다. 주 능선 사이 사이에 웬만한 산 주 능선만 한 지능선과 계곡들이 거미줄처럼 뻗어 거대한 산세를 이루고 있어 일찍이 '장엄한 산'이라 불렸어요. 금강산, 한라산과 더불어 삼신산이라 불리며 민간신앙의 대상이 되기도 했습니다.

무등산국립공원: 보기 드문 주상절리를 품다

광주광역시, 나아가 호남 지역을 상징하는 산이나 다름없습니다. 높이가 해발 1,187미터로 대한민국에서 상당히 높은 산에 속할 뿐 아니라 평야로 이루어진 호남 복판에 솟아 있어 실제보다 훨씬 높고 우람해 보이지요.

또 무등산은 무등산 주상절리대(입석대, 서석대)라는 세계적으로도 보기 드문 자연경관을 보유하고 있습니다. 이 주상절리대는 천연기념물로 지정되어 있으며, 이 주상절리대를 보유한 무등산은 세계에서 177개밖에 없는 세계지질공원으로 지정되었지요. 무등산 주상절리대는 용암이 지표 위에서 굳어진 뒤 풍화 작용으로 오랜 세월 깎이면서 만들어진 바위기둥으로, 대한민국에서 가장

무등산국립공원 입석대의 천년기념물 주상절리

규모가 클 뿐 아니라 이렇게 1,000미터가 넘는 산 위에 있어서 더욱 신비로운 느낌을 줍니다.

월출산국립공원: 문화유산답사 1번지

전라남도 영암군, 강진군에 걸쳐 있는 산입니다. 높이는 해발 809미터지만 나주평야 한가운데, 그것도 바다에서 가까운 쪽에 있기 때문에 실제 등산할 때 체감하는 높이는 1,000미터 이상으로 느껴집니다. 하지만 험한 만큼 기묘한 바위 봉우리들이 펼쳐내는 경관이 무척 아름답지요. 또한 난대림과 온대림이 같이 나타나 생태적 가치가 크지요. 월출산 일대인 영암, 강진, 해남은 '남도 문화유산답사의 1번지'라고 불릴 만큼 문화유산이 풍부합니다.

월출산국립공원의 기기묘묘한 바위들(위), 섬 전체가 천연보호구역(천연기념물 제170호)인 다도해해상국립공원의 홍도 전경(아래)

다도해해상국립공원: 남해의 섬에서 섬으로

전라남도 신안군에서 여수시에 이르는 해안은 해안선이 복잡하고 섬이 많은 다도해 지역이에요. 이 구역에는 모두 1,590개가 넘는 섬이 있는데, 그중 350여 개의 섬을 묶어 국립공원으로 지정했지요. 워낙 넓은 구역에 펼쳐진 섬들을 묶어서 지정했기 때문에 우리나라 국립공원 중 가장 면적이 넓어요. 이 중 경관이 뛰어난 곳이자 다도해의 상징과도 같은 섬들이 있으니 바로 흑산도와 홍도입니다. 이 두 섬은 아름다운 해안절벽과 기기묘묘한 바위섬들로 이루어져 있어요. 그 밖에도 진도, 완도, 비금도 같은 유명한 섬들이 다도해해상국립공원의 중요한 명소들이지요.

주왕산국립공원: 눈앞에 펼쳐지는 독특한 지형

경상북도 청송군에 자리 잡은 주왕산은 산악 국립공원으로서는 이례적으로 높이가 낮아 해발 720미터에 불과해요. 숫자로만 보면 작은 산 같지만, 막상 방문하면 어마어마한 규모의 바위 봉우리들과 계곡, 그리고 곳곳에 펼쳐진 거대한 협곡과 폭포에 놀라게 됩니다. 마치 수묵화 병풍을 현실 세계에 펼쳐 놓은 것 같은 모습을 하고 있거든요. 특히 기묘한 바위 절벽 사이로 흘러내리는 계곡과 폭포가 아름다우며, 용추폭포 일대는 한번 보고 나면 차마 발이 떨어지지 않을 정도로 경관이 멋집니다. 주왕산 일대는 세계적으로도 보기 드문 독특한 지형으로, 이런 경관 때문에 세계지질

보기 드문 지형으로 세계지질공원으로 지정된 주왕산국립공원

공원으로 지정되어 있습니다.

가야산국립공원: 세계문화유산을 품다

경상남도 합천군과 경상북도 성주군에 걸쳐 펼쳐져 있는 가야산은 신라의 유명한 학자 최치원이 말년을 보냈던 곳이에요. 또한 세계문화유산이자 우리나라의 가장 소중한 문화재 중 하나인 팔만대장경이 보관된 거대한 사찰 해인사가 자리 잡은 곳이지요. 가야산국립공원에는 가야산뿐 아니라 황매산, 매화산 같은 산이 포함되어 있는데, 모두 깊은 계곡, 울창한 숲, 그리고 기묘한 모양의

가야산국립공원의 만물상

바위 능선과 바위 봉우리를 안고 있는 경관이 아름다운 산입니다. 산을 오르지 않더라도 해인사와 그 근방의 홍류동 계곡만 거닐어도 치유의 기분을 느낄 수 있어요.

한려해상국립공원: 이순신 장군의 길

1968년 우리나라에서 네 번째이자 해상공원으로는 최초로 지정된 국립공원이에요. 경남 거제시 지심도에서 전남 여수시 오동도까지 300리 뱃길을 따라 크고 작은 섬들과 해안 일대를 국립공원으로 지정했어요. '한'은 한산도, '려'는 여수의 머리글자입니다.

한산도를 바라보는 이순신 장군의 동상
(통영시 이순신장군공원 소재)

특히 아름다운 섬으로 보물섬이라고도 불리는 남해도 일대, 이순신 장군 유적지인 통영 일대, 우리나라에서 두 번째로 큰 섬인 거제도 일대, 최근 낭만적인 바닷가로 유명해진 여수·오동도 지구가 마치 바다에 뿌려진 보석처럼 자리 잡고 있습니다. 이순신 장군은 한산도에 본진을 차리고 일본군을 무찔렀고, 처음 군대를 일으킨 곳은 여수였어요. 네, 이게 바로 한려입니다. 여수에서 출발해서 이순신 장군의 여정을 따라 한산도, 거제도까지 이어가는 여행. 지금 어때요?

한라산국립공원: 독특하고 이국적인 분화구의 풍광

한라산은 대한민국에서 가장 높은 산으로 높이가 1,950미터입니다. 한라산은 육지와 연결되지 않은 제주도에 자리 잡고 있고, 우리나라에서 보기 드문 분화구를 가지고 있는 화산이라 육지에서는 볼 수 없는 독특한 경관으로 가득해요.

그런데 제주도에 한라산이 있는 것일까요, 한라산에 제주도가 있는 것일까요? 정답은 한라산이 먼저고, 한라산 중 바다 위로 노출된 부분이 제주도라는 겁니다. 따라서 제주도 섬 전체가 한라산인 셈이죠. 그래서 한라산을 등반하면 어디서부터 산이 시작되는지 구별되지 않아요. 평지나 다름없는 길을 천천히 올라가다 보면 어느새 아주 높은 곳까지 와 있는 자신을 보게 됩니다. 다만 분화구인 백록담 근처에서부터는 상당히 거친 등산을 해야 하지요.

우리나라의 세계 관광 자원

유네스코 세계문화유산 · 세계지질공원

우리나라에도 세계문화유산이 있다는 거 알아?
어떤 점 때문에 인류 전체를 위해 보호해야 할 유산으로 판단했을까?

빛나는 한국의 세계문화유산

세계문화유산이 뭘까요? 바로 「세계유산협약」(1972)에 의거해 유네스코 세계유산위원회가 뛰어난 보편적 가치가 있어 인류 전체를 위해 보호되어야 한다고 인정한 유산 중 유적, 건축물, 문화재적 가치를 지닌 장소 등을 말해요. 전체 세계유산의 77.5퍼센트가 문화유산입니다. 그 밖에도 생물학적 군락, 지질학적 생성물, 멸종위기에 처한 동식물 서식지 등 자연유산, 그리고 문화유산과 자연유산의 특징을 동시에 충족하는 복합유산이 있습니다.

우리나라는 오랜 역사를 가진 나라이며, 오랜 옛날부터 찬란한 문화를 꽃피워왔기 때문에 많은 세계문화유산을 보유하고 있지요. 앞에서 소개한 국립공원과 더불어 전국에 산재해 있는 세계

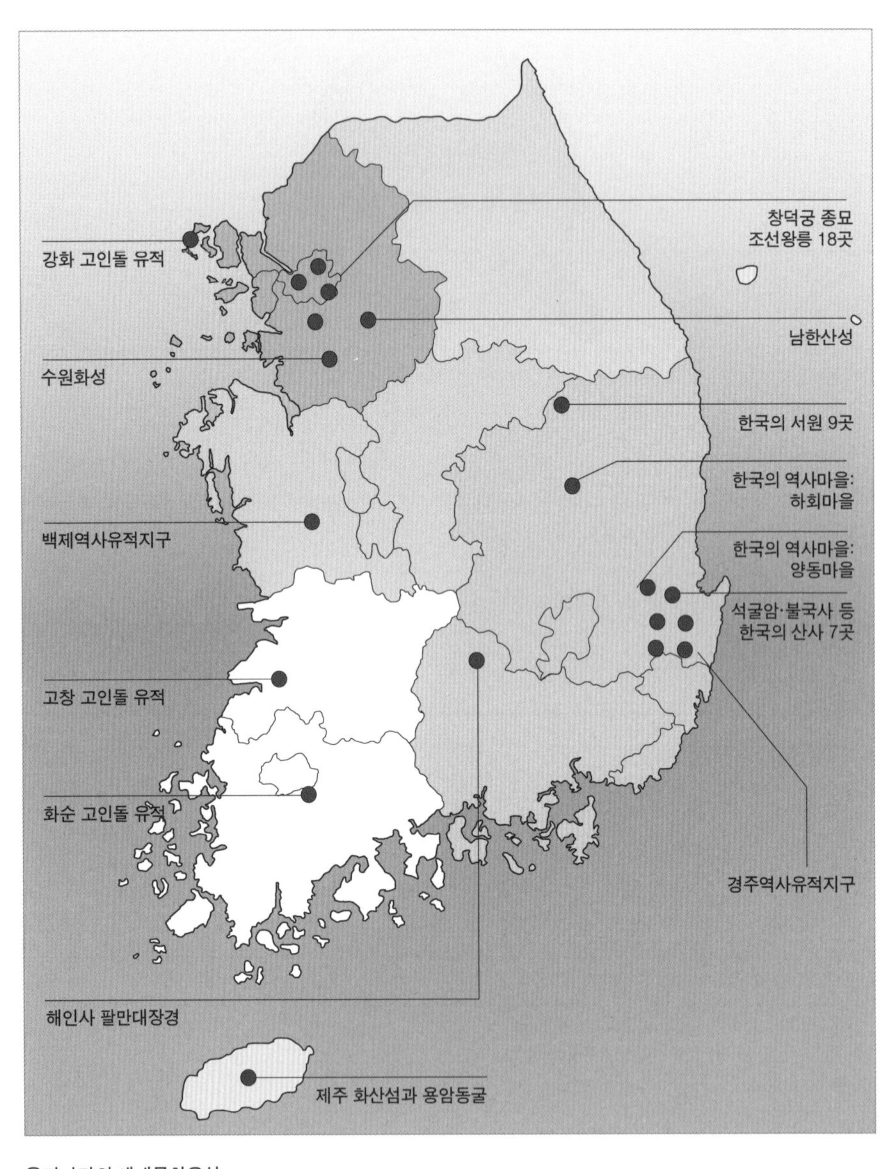

우리나라의 세계문화유산

문화유산을 찾아다녀도 매우 흥미로운 여행을 할 수 있습니다.

서울의 창덕궁과 종묘, 조선왕릉

서울은 초현대식 대도시로 세계에 널리 알려져 있지요. 하지만 사실은 경주 못지않은 오랜 역사를 가진 도시이기도 합니다. 2000년 전 백제의 수도였던 한성이 서울시 송파구 일대이며, 1000년 전 고려의 3경(수도) 중 하나인 남경 역시 서울시 종로구 일대예요. 이후 서울은 조선의 수도 한양이 되었고, 일제강점기에는 총독부가 있는 경성이 되었으며, 해방 이후에는 대한민국의 수도 서울특별시가 되었습니다.

이렇게 역사가 오래된 도시이기 때문에 현대적이고 세련되고 거대한 도시 한복판에 수백 년 전에 지어진 문화 유적이 남아 선명한 대조를 이루며 멋진 경관을 선사합니다. 또 현대적인 도시 한가운데 남아 있는 이런 오래된 유적은 세계적으로도 희귀하기 때문에 높은 보전 가치를 가지고 있지요. 그래서 서울과 그 주변에 남아 있는 문화 유적 중 원형이 잘 보전된 창덕궁과 종묘, 그리고 18개 장소에 흩어져 있는 40기의 조선왕릉이 유네스코 세계문화유산으로 지정되었습니다.

창덕궁은 현재 서울에 있는 조선의 고궁 중 그 원형이 가장 잘 남아 있는 곳입니다. 조선의 왕궁은 정궁(正宮, 궁중의 의식을 행하던 정전)인 경복궁을 중심으로 창덕궁, 창경궁을 동궐, 덕수궁, 경희

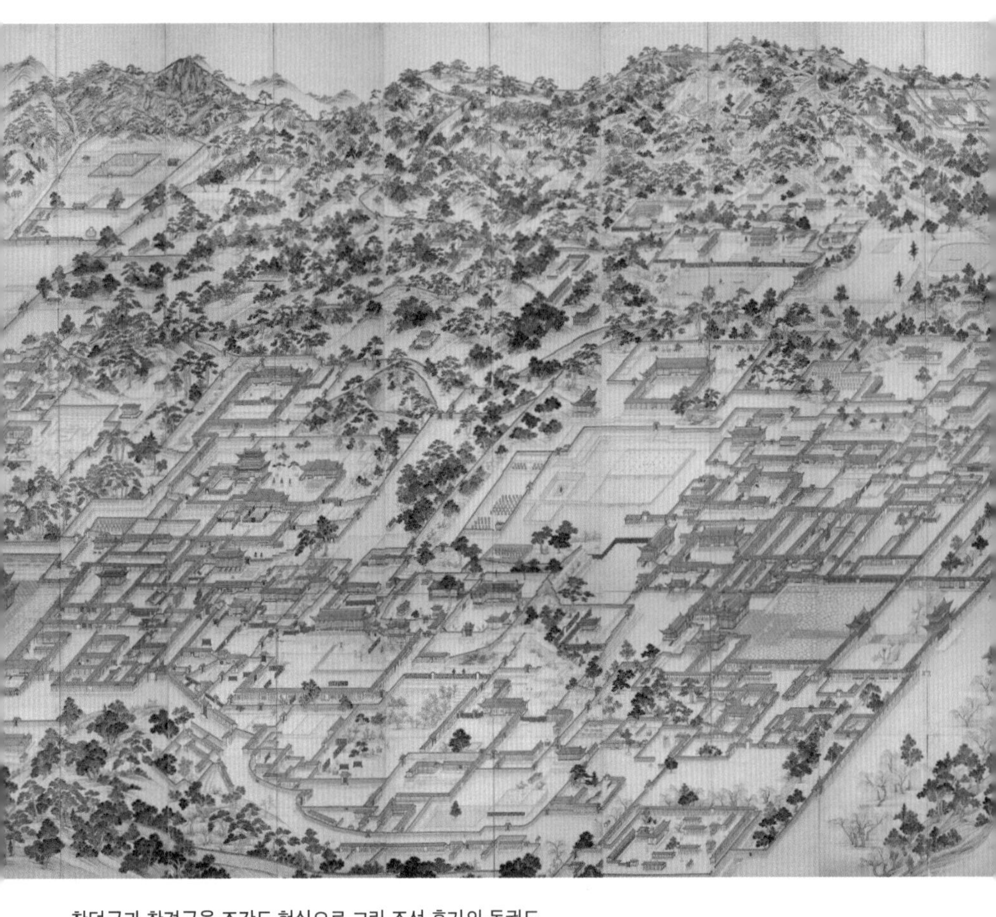

창덕궁과 창경궁을 조감도 형식으로 그린 조선 후기의 동궐도

왕실의 역대 왕과 왕비의 위폐를 모시고 제사를 지내는 종묘

궁을 서궐이라고 부르며 다섯 곳을 운영했습니다. 그런데 법궁인 경복궁과 서궐인 경희궁이 임진왜란 때 불타버리면서 창덕궁을 정궁으로, 창경궁을 동궐로 사용했지요. 덕수궁은 규모가 워낙 작아서 별궁 정도로 사용했고요.

그런데 그나마 남아 있던 창덕궁, 창경궁 중 창경궁은 일제강점기에 창경원이라는 동물원이 되면서 원형이 손상되었고, 결국 원형이 가장 잘 보전된 왕궁은 창덕궁뿐입니다. 실제로 임진왜란 이후 300년간 계속 조선의 정궁으로 사용된 곳이기도 해요. 특히 창덕궁의 후원은 수백 년 전에 조성된 아름다운 정원이지요.

종묘는 조선의 역대 왕과 추존왕(생전에 왕이 아니었으나 사후에 왕으로 추대된 인물), 그리고 왕비의 위패를 모시고 제사를 지내는 유교 사당이에요. 유교 국가에서는 왕실의 조상을 모시는 종묘와

토지신을 모시는 사직을 나라의 근본으로 삼았지요. 그래서 '종묘 사직을 보전하지 못한다'라는 말이 곧 '나라 망한다'라는 뜻이었습니다. 그만큼 종묘는 나라의 정신적 근본을 보여주는, 매우 공들여 지은 건물들로 이루어져 있어요. 임진왜란 때 다른 궁전들과 함께 불타버렸지만, 전쟁 이후 경복궁, 경희궁은 다시 짓지 않아도 종묘는 즉시 다시 세울 정도로 중요한 곳입니다. 최근 꾸준한 복원 사업 덕에 창덕궁과 창경궁은 서로 연결되어 통행할 수 있고 (중간에 입장료는 다시 내야 해요), 창경궁과 종묘를 서로 연결하는 통로가 2022년에 완공되었습니다.

수원화성과 남한산성

수원화성은 조선 정조 때 축성한 것으로 군사 시설일 뿐 아니라 일종의 계획도시이기도 합니다. 정조는 수원을 제2의 수도로 삼아 자기 나름의 이상정치를 펼치고자 했지요. 요즘으로 말하자면 세종특별자치시를 조성한 셈이지요. 그래서 성벽만 쌓은 것이 아니라 왕이 행차하여 거주할 행궁, 관리들이 업무를 처리할 관청, 그리고 주거지까지 조성했어요.

하지만 현재 건축물은 행궁의 일부만 남았고, 대신 그 주변을 둘러싼 정교한 성곽이 원형을 거의 그대로 유지해서 세계문화유산으로 지정되었습니다. 수원화성은 산성이 아닌 평지 도시에 축성한 읍성으로서는 우리나라에서 가장 크며 그 모양도 매우 아름

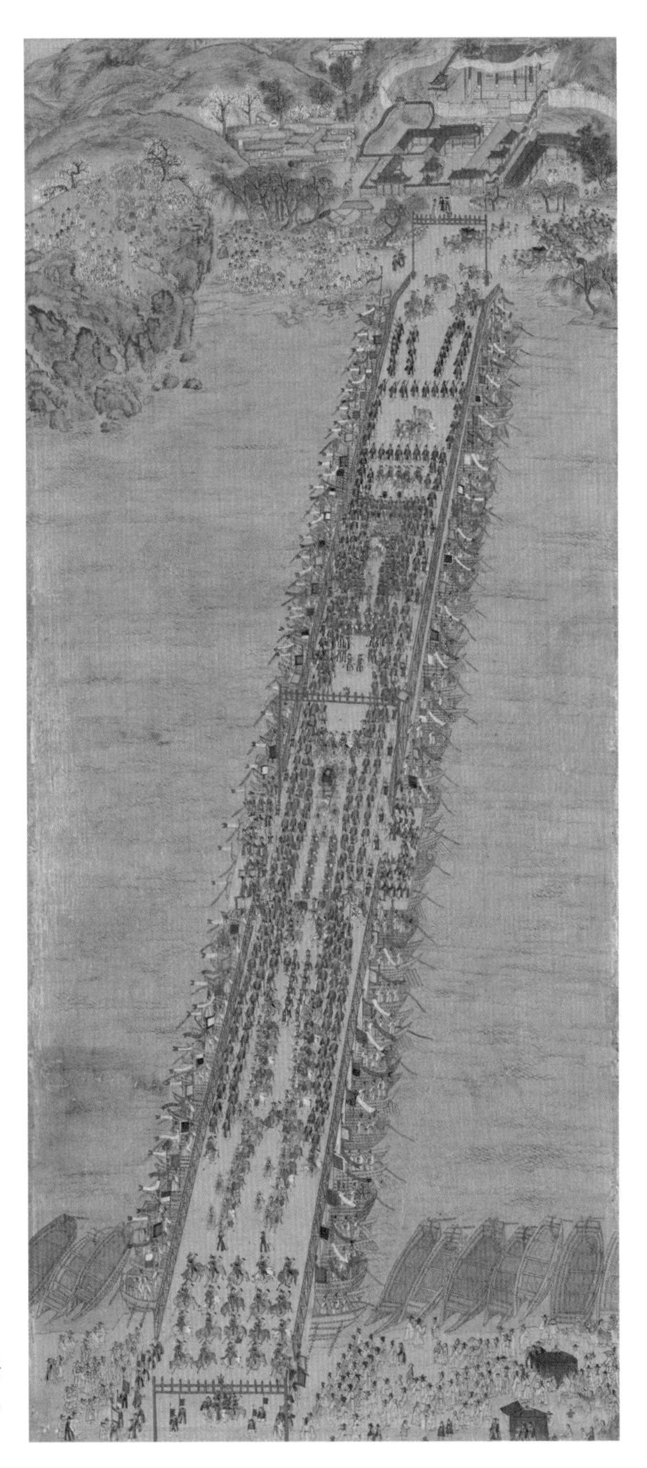

조선시대 정조의 화성 행차를 그린 화성능행도 병풍(제8폭, 18세기)

답고 설계도 정교하며, 축성 과정도 체계적이고 과학적입니다.

화성이 현재 남아 있는 읍성을 대표한다면, 산성을 대표하는 곳은 남한산성입니다. 서울 송파구, 강동구, 경기도 하남시, 광주시, 성남시에 걸쳐 있을 정도로 규모도 크고 원형도 잘 남아 있어요. 이 지역 주민들의 주말 나들이 코스로도 널리 사랑받고 있습니다. 남한산성은 근대 이전 동아시아 군사 요새의 전형을 잘 보존한 곳으로, 옹성과 치(성벽을 돌출시켜 방어력을 높인 부분), 암문(적에게 들키지 않고 드나들기 위한 숨은 문) 등 방어용 성곽의 여러 요소가 골고루 갖춰져 있고 그 원형이 잘 남아 있어서 학술 가치가 매우 큰 곳입니다. 남한산성의 위력은 병자호란 때 여지없이 발휘되었는데, 당시 조선왕 인조는 이 성에 고립되어 있었지만 세계 최강 청나라 군대에 맞서 두 달 동안 버틸 수 있었지요. 비록 인조가 항복함으로써 전쟁이 끝났지만, 그것도 오랜 고립을 견디지 못해서였습니다. 마지막 날까지 이 요새는 어느 한 부분도 뚫리지 않은 상태였어요.

선사시대 고인돌 유적

고인돌은 청동기시대의 거석문화를 대표하는 유적이지요. 지금으로부터 3,000년 전에 세워진 고대 무덤으로 세계적으로 6만여 기가 남아 있어요. 그런데 놀랍게도 그중 4만여 기가 우리나라에 있습니다. 전 세계 고인돌의 3분의 2를 좁은 한반도에 품고 있

전북 고창군의 대규모 고인돌 유적지

지요. 우리나라가 이 정도로 독점하고 있는 것은 메모리 반도체 외에는 고인돌뿐일 거예요.

유네스코가 고인돌 유적을 대표하는 나라로 우리나라를 지정한 것은 당연한 일입니다. 고인돌은 우리나라에서 흔히 발견할 수 있지만, 유네스코는 그중에서도 고인돌이 집단적으로 발견되는 인천광역시 강화군, 전라북도 고창군, 전라남도 화순군의 고인돌 유적을 세계문화유산으로 등재했지요.

이 중 강화도에 남아 있는 고인돌 유적은 대체로 산 중턱에 자리 잡은 경우가 많아 찾아다니며 답사하는 재미를 느낄 수 있어요. 우리나라에서 가장 오래된 고인돌은 주로 강화도에 분포되어 있습니다. 더구나 강화도에는 고인돌 말고도 수많은 문화유적과 자연경관이 있어 이것들을 엮어서 재미있는 답사 여행을 시도할 수 있습니다. 우리가 고인돌 하면 가장 먼저 떠올리는 사진도 바로 강화도 부근리에 있는 고인돌 유적이지요.

고창군 고인돌 유적은 죽림리, 상갑리, 도산리 일대에서 무려 440기가 넘는 고인돌이 집중적으로 발견되었어요. 양으로는 우리나라 최대 규모예요. 화순 고인돌 유적은 화순군 도곡면 효산리에 약 158기, 대산리에 129기가 남아 있는 걸로 추정되고요. 화순 고인돌 유적은 남아 있는 고인돌의 형태가 가장 온전하며, 돌의 출처도 확인 가능한 것들이 많아 제작 방법을 연구하는 데 큰 도움이 되었다고 해요.

찬란한 역사, 백제역사유적지구

백제는 수도를 세 번이나 바꾼 복잡한 역사를 가졌어요. 첫 번째 수도는 한성(서울시 송파구·강동구 일대), 두 번째 수도는 웅진(충청남도 공주시), 그리고 마지막 수도는 사비(충청남도 부여군)였어요. 무왕 때는 전라북도 익산시 일대에 새로운 수도를 건설할 계획도 있었다고 하지요. 그래서 백제가 어느 지역의 나라인지에 대해서는 의견이 분분합니다. 굳이 따지면 백제는 원래 서울 일대의 나라였지만 고구려에 밀리면서 충청남도와 전라북도 일대를 기반으로 다시 세워진 나라라고 할 수 있지요.

고구려에 한성을 빼앗긴 백제는 한때 큰 위기에 빠졌지만, 공주, 부여, 그리고 전라북도 익산을 새로운 중심부로 삼아 재건에 성공해 제2의 번영을 누렸습니다. 백제의 마지막 왕인 제31대 의자왕 시절에도 신라가 백제의 공격을 견디지 못해 당나라에 구원을 요청할 정도였으니 백제의 재건이 얼마나 확실했는지 알 수 있지요.

그래서 오늘날에도 이 세 지역에 백제 유적과 유물이 많이 남아 있어요. 이 중 공주의 공산성, 무령왕릉, 부여의 부소산성, 능산리 고분군, 정림사지, 부여나성, 그리고 전라북도 익산시의 왕릉원, 미륵사지가 백제역사유적지구로 세계문화유산에 등재되어 있습니다.

무령왕릉은 백제 고분 중 유일하게 무덤의 주인이 누구인지 명확하게 밝혀진 곳으로, 백제 역사 연구에 매우 중요한 곳입니다. 돌방무덤(돌로 집을 짓듯이 벽이 있는 방을 만들어 시신과 부장품을 안치하고 흙으로 덮은 무덤. 벽이 있어 벽화를 그릴 수 있지만 도굴에 취약해요)의 특성상 도굴당하기 쉬운데도 많은 부장품이

백제 공주 무령왕릉에서 발견된 수호동물 석수(위), **백제 금동대향로**(부여 출토, 아래)

백제 문화의 우수성을 세상에 알린 백제 제25대왕의 무덤인 무령왕릉과 내부 모습(공주)
묘지석 외에도 금제관식, 도자기, 유리구슬 등 4,600점의 백제 유물이 출토되었다.(마지막은 1970년대 왕릉 발굴 당시의 사진)

출토된 곳이기도 해요. 부여 정림사지와 익산 미륵사지는 우리나라에 몇 개 없는 백제 석탑이 비교적 온전한 형태로 남아 있는 곳입니다. 특히 정림사지 5층 석탑은 신라 석탑과 확실하게 구별되는 백제 석탑 양식의 진수를 보여주는 걸작이에요. 백제 석탑 중에 이 정도로 완전한 형태를 유지하고 있는 것은 다시 찾기 어렵습니다. 1500년의 세월을 버틴, 그것도 패배한 나라의 유물이 이렇게 온전하게 남아 있는 것은 우리에게는 큰 행운이라고 할 수 있어요.

백제 석탑의 정수를 보여주는 부여 정림사지 5층 석탑

한국의 산사, 천년고찰의 향기

우리나라는 불교의 역사가 오래되었고, 또 신라, 고려 등 불교를 국교로 삼은 나라가 1000년 이상 이어지면서 무수히 많은 사찰이 세워졌던 나라입니다. 그런데 오늘날 남아 있는 우리나라의 불교 사찰들은 주로 산에 있습니다. 그 까닭은 크게 둘입니다. 하나

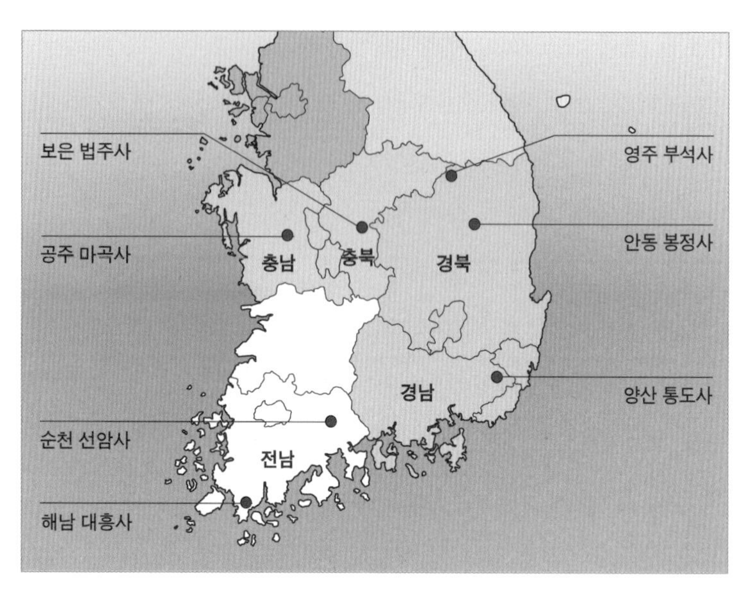

유네스코 세계문화유산으로 지정된 7개 사찰

는 조선 왕조 500년 동안 불교를 억압하다 보니 도시나 평지에 있던 사찰들이 대부분 쫓겨난 면이 있고, 또 고려 후기 이후 우리나라 불교가 참선을 중시하는 선종으로 기울면서 스님들이 스스로 번잡한 도시보다 세상에서 떨어진 산속을 선호한 면도 있었지요.

이렇게 깊은 산림 속에 불교 사찰이 많이 남아 있는 나라는 우리나라와 일본뿐입니다. 인도는 불교의 명맥이 끊어졌고, 동남아시아의 사찰은 주로 도시에 있어요. 중국의 사찰은 토착신앙과 뒤섞이면서 엄숙함이나 고요함과 거리가 먼 어수선한 분위기고요. 더구나 창건 이래 1000년 이상 참선도량의 맥을 이어오며 산속에서 자리를 지켜온 산사들은 세계적으로도 매우 드물어요. 그래서 유네스코는 우리나라 산사 중 법주사, 마곡사, 대흥사, 선암사, 봉정사, 부석사, 통도사 7개 산사를 2018년에 세계문화유산으로 지정했습니다.

법주사와 마곡사

충청북도 보은군 속리산국립공원에 있는 법주사는 우리나라에서 가장 유명한 사찰 중 하나예요. 규모도 매우 커서 경내를 한 바퀴 돌아보기만 해도 30분 이상 걸려요. 신라 진흥왕 때 창건되어 역사가 1500년에 이르며, 팔상전, 쌍사자 석등, 석련지 등 국보가 3점이나 있고, 보물은 무려 13점이나 있어 거대한 야외 박물관이나 다름없어요. 법주사의 상징처럼 된 거대한 미륵불은 안타깝게도 흥선대원군이 경복궁 중건 비용을 마련한다고 녹여버려 사라졌는데, 이를 2002년에 복원한 것입니다.

충청남도 공주시에 자리 잡은 마곡사는 역사가 1500년 가까이 됩니다. 산과 강이 태극 모양을 이루고 있는 곳에 자리 잡은 아름다운 사찰이에요. 국보는 없지만, 영산전을 비롯하여 보물이 7점입니다. 신라 멸망 이후 쇠락하여 도적 소굴로까지 전락했던 곳을 우리나라 불교의 주류인 조계종의 창시자 보조국사 지눌대사가 도적들을 쫓아내고 다시 살린 곳으로 유명해요.

법주사의 상징인 미륵불(위), 아름다운 풍광으로 유명한 마곡사(아래)

선암사 입구의 우아한 승선교 풍경

대흥사와 선암사

대흥사는 우리나라 땅끝인 전라남도 해남군 두륜산도립공원에 자리 잡은 사찰로 규모가 매우 큽니다. 역사가 무려 1600년이나 되는 아주 오래된 산사입니다. 대둔사라고도 부르고, 그것이 원래 이름이라는 주장도 있지만, 세계문화유산에 등재된 이름은 대흥사입니다. 기암절벽으로 이루어진 두륜산을 배경으로 아름다운 정경을 자랑하고 있지요. 임진왜란 때 의병장으로 유명한 서산대사의 의발(衣鉢, 원래는 의복과 식기인데, 불가에선 스승이 제자에게 법을 전해주는 것을 가리킵니다)을 이은 사찰이며, 초의선사와 추사

김정희 선생과도 많은 인연이 있는 곳으로 역사적인 가치가 높은 사찰이에요.

선암사는 전라남도 순천시 조계산도립공원 기슭에 자리 잡은 아름다운 사찰입니다. 사찰까지 들어가는 길도 아름답고 특히 계곡을 건너는 승선교 일대의 우아한 풍경이 유명하지요. 선암사에서 조계산을 넘어가면 삼보사찰 중 하나인 송광사가 있습니다. 송광사 역시 역사가 깊은 큰 사찰이에요. 이 두 사찰을 연결하는 산길은 그리 험하지 않은 숲길을 호젓하게 걸어가며 고요히 생각에 잠길 수 있는 길입니다.

부석사와 봉정사, 통도사

경상북도 영주시, 소백산국립공원 자락에 자리 잡은 부석사는 신라의 의상대사가 창건한 아주 오래된 사찰입니다. 우리나라에 현재 남아 있는 가장 오래된 건물 중 하나인 무량수전으로 유명해요. 아마 이곳을 찾아보지 않은 사람들도 무량수전, 그리고 배흘림기둥에 대해서는 한 번쯤 들어보았을 잘 알려진 사찰이에요. 건물 하나하나가 세월이 느껴지는, 그야말로 고색창연한 사찰입니다. 무량수전, 무량수전 앞 석등, 조사당, 조사당 벽화, 소조여래좌상 등 국보만 무려 5점, 보물이 8점이나 있는 거대한 야외 박물관입니다.

경상북도 안동시에 자리 잡은 봉정사는 부석사 못지않게 오래

신라시대에 승려가 되기 위해 처음 출가하는 곳으로 잘 알려진 천년고찰 부석사

된 사찰로, 이곳에 있는 극락전은 1200년대에 지어졌고, 현재 남아 있는 목조 건축물 중 우리나라에서 가장 오래된 건물이지요. 봉정사 극락전과 부석사 무량수전 중 어느 것이 더 오래되었느냐를 놓고 아직도 논란이 있지만, 정확한 건축 연도는 현재까지 확인할 수 없어요. 극락전 말고도 봉정사에는 역시 국보인 대웅전이 있습니다. 봉정사 대웅전은 건물 그 자체도 아름답지만 특히 벽화와 탱화 등 그림이 아름다운데, 모두 6점의 보물을 소장하고 있지요. 또 봉정사 경내에 있는 영산암은 선종 사찰의 특징을 잘 보여주는 고즈넉한 분위기가 일품이고, 이곳에서 천등산 등산로를 따라 1킬로미터쯤 올라가면 역시 천년고찰인 개목사까지 덤으로 관

석가모니의 진신사리를 모신 통도사의 오래된 대웅전

람할 수 있어요.

경상남도 양산시 영축산, 신불산 자락 아래 터를 잡은 통도사는 우리나라 삼보사찰 중 하나인 큰 사찰입니다. 삼보사찰이란 불교가 귀하게 여기는 세 가지인 불(부처), 법(불법), 승(승려)을 각각 상징하는 사찰입니다. 통도사는 석가모니의 진신사리를 모시고 있는 큰 사찰이라 불보사찰이라 불려요. 그리고 대장경을 보관하고 있는 해인사가 법보사찰, 이름난 고승을 많이 배출한 송광사가 승보사찰입니다.

경주역사유적지구, 불국사와 석굴암

경상북도 경주는 우리나라의 문화 유적을 대표하는 도시입니다. 도시 자체가 유적이나 다름없어 건물을 새로 짓는 것이 어려울 정도입니다. 땅만 파면 유물이 발굴되어 공사를 중단해야 할 정도니까요.

경주는 신라의 발상지이자 수도였던 지역입니다. 지금부터 2000여 년 전에 신라가 세워져 1000여 년 전에 멸망할 때까지 천 년의 시간을 신라의 수도였던 도시예요. 특히 통일신라시대 때는 당나라의 장안(시안), 동로마제국의 비잔티움(이스탄불)과 더불어 세계적으로 손꼽히는 부유한 도시였어요. 삼국유사에 따르면, 당시 경주는 사찰이 별처럼 많고 탑이 기러기처럼 늘어서 있다고 했을 정도입니다.

안타깝게도 그 많던 경주의 사찰들은 거듭된 전란으로 거의 다 불타버리고, 오늘날에는 사찰들이 있었던 터와 각종 석탑, 석불, 석등, 축대만 남아 과거의 영광을 증언하고 있습니다. 하지만 그것만으로도 고대도시의 정취를 느끼는 데는 부족함이 없어요.

세계 어느 도시에서도 찾기 어려운 경주만의 독특한 풍경은 작은 언덕처럼 솟아 있는 고대 무덤이 현재 주민이 살고 있는 마을 사이사이에 자리 잡은 모습입니다. 거대한 무덤과 주택가가 공존하고 있는 풍경은 신비로운 느낌을 주고, 삶과 죽음에 대한 깊은 성찰로 우리를 이끌지요.

불교미술의 정수 석굴암 불상(위), 천년의 수도 경주 대릉원(아래)

이 중 가장 많은 고분이 모여 있는 대릉원에서 신라의 별궁이었던 동궁과 월지, 왕궁이 자리 잡았던 반월성 일대를 아우르는 경주역사유적지구, 천년고찰의 대명사이자 다보탑과 석가탑이 있는 불국사, 그리고 세계 최고의 불교미술 작품 중 하나로 손꼽히는 석굴암이 세계문화유산으로 지정되어 있어요. 하지만 경주에서 세계문화유산으로 지정된 유적과 아닌 유적을 구별하는 것은 의미가 없습니다. 경주라는 도시 전체가 세계문화유산이나 마찬가지니까요.

해인사 장경각과 경판

경상남도 합천 가야산 중턱에 자리 잡은 해인사는 삼보사찰 중 법보사찰이에요. 해인사가 법보사찰인 까닭은 모든 불경을 집대성한 고려대장경(팔만대장경)의 경판(목판)을 보관하는 사찰이기 때문입니다. 대장경은 불교의 모든 경전을 집대성했다는 의미예요. 불교의 경전에는 석가모니의 말씀을 기록한 경장, 각종 규칙을 기록한 율장, 그리고 후세 고승들의 토론을 기록한 논장 등 삼장이 있습니다.

이 대장경 경판만으로도 대단히 귀중한 문화유산이지만, 경판을 보관하는 장경각 또한 놀라운 문화유산입니다. 경판은 목판이기 때문에 습기와 불에 취약해요. 하지만 어떤 인공적인 공기조절 장치가 없는데도 팔만대장경 경판은 1000년이 지난 지금도 원형

우리 조상들이 소중히 지켜온 대표적인 문화유산, 팔만대장경과 경판각(장경각)

을 잘 유지하고 있습니다. 또 해인사에서 몇 차례 큰 화재가 났지만, 장경각과 그 주변은 한 번도 피해를 당하지 않았다고 하지요.

조선의 역사마을: 하회마을과 양동마을

경북의 이 두 마을은 수백 년 전의 전통적인 생활 모습, 즉 주거 양식을 간직한 곳입니다. 민속촌 같은 테마파크가 아니라 주민이 현재 거주하고 있는 마을이지요. 이렇게 수백 년 전의 모습을 간직한 채로 이어져 내려온 마을은 세계적으로 몇 군데 되지 않으며, 특히 우리나라 같은 현대화된 선진국에서는 더욱 찾기 어려워요.

안동과 경주에 있는 두 마을은 14~15세기에 조성된 씨족마을입니다. 숲이 우거진 산을 뒤로하고, 강과 탁 트인 농경지를 바라보는 전형적인 배산임수 입지이며, 양반으로부터 상민에 이르기까지 모든 신분이 살았던 주택이 골고루 남아 있어요. 이 마을들에는 씨족마을에서 가장 중심이 되는 종가가 남아 있고, 종가를 중심으로 양반이 살았던 기와집과 양반의 정신세계를 대변하는 정자, 정사, 서원, 서당 등이 남아 있어요. 그 주변에 평민이 살았던 초가집들이 배치되어 있습니다.

특히 이 두 마을은 근대화에 따른 개발의 영향을 많이 받지 않아 원형을 상당히 유지하면서 동시에 방치되어 폐허가 되지도 않아 더욱 높은 가치를 인정받은 곳입니다. 세계 최첨단의 현대적인

마을의 산세와 지세가 명당이라 인재가 많았다고 알려진 경주 양동마을

기술강국인 우리나라에 이렇게 전통적인 모습을 간직한 마을이 아직도 주민들이 거주하는 상태에서 보전된 것은 매우 드문 사례로, 문화적 보전 가치가 높습니다.

한국의 서원

서원은 조선시대의 성리학 교육 시설로 16세기 중반부터 17세기 중반까지 향촌의 유교 지식인인 사림에 의해 세워졌지요. 성리학이 국교인 조선에서 불교가 국교였던 고려의 사찰 역할을 대신하여 지역사회의 정신적인 구심이 된 곳이 조선의 서원입니다.

안동 도산서원 전경
퇴계 이황이 유생을 교육하며 학문을 쌓던 곳이다.

현재 우리나라에는 많은 서원이 남아 있는데, 그중 소수서원, 남계서원, 옥산서원, 도산서원, 필암서원, 도동서원, 병산서원, 무성서원, 돈암서원 등 9개 서원이 세계문화유산으로 등재되었습니다. 특히 서원은 '어진 사람은 산을 좋아하고 지혜로운 사람은 물을 좋아한다'라는 공자의 말에 따라 산세가 좋으면서도 강이나 냇물이 시원하게 흐르는 그런 장소를 힘써 찾아 세웠기 때문에 성리학에 관심이 없어도 단지 경치를 즐기기 위해서라도 방문할 만한 곳입니다. 오히려 경치만 놓고 보면 산사보다 서원이 더 멋지다고 할 수 있을 정도예요.

희소가치가 큰 우리나라의 세계지질공원

세계지질공원은 지질학적 가치를 지닌 명소와 경관을 보호하고 지속 가능한 발전을 도모하며 관리하기 위해 유네스코가 지정한 곳입니다. 지질공원으로 지정되기 위해서는 지질 명소를 20개 이상 포함하고 지구과학적 중요성, 경관적 가치, 희귀한 자연적 특성을 지녀야 해요. 또 고고학적·생태적·문화적으로 우수해 보전할 필요성이 있고, 지질유산을 보호함으로써 경제적 부가가치가 창출돼야 하는 등 까다로운 조건을 충족시켜야 합니다. 이렇게 조건이 까다롭다 보니 일단 조건에 부합해야 하지요. 이러니 전 세계에 177개, 46개국(2022년 기준)밖에 되지 않아 유네스코 세계유산보다 오히려 희소가치가 더 큽니다.

우리나라에는 무려 4개나 되는 세계지질공원이 있어요. 한탄강, 청송, 무등산, 제주도 이 네 지역이 세계지질공원으로 지정되었지요. 공교롭게 네 지역 모두 화산과 관련된 지형이에요.

한탄강세계지질공원

경기도 연천군, 강원도 철원군에 걸쳐 있는 한탄강 일대는 우리나라에서 보기 드문 용암대지입니다. 용암대지는 용암이 화산 폭발처럼 세차게 분출되는 것이 아니라 끈끈한 상태에서 흘러나와 천천히 땅을 덮어 나가다 식은 곳에 형성됩니다. 이렇게 식은 용암은 주로 사각이나 팔각 기둥 형태로 굳어 높은 바위가 되지

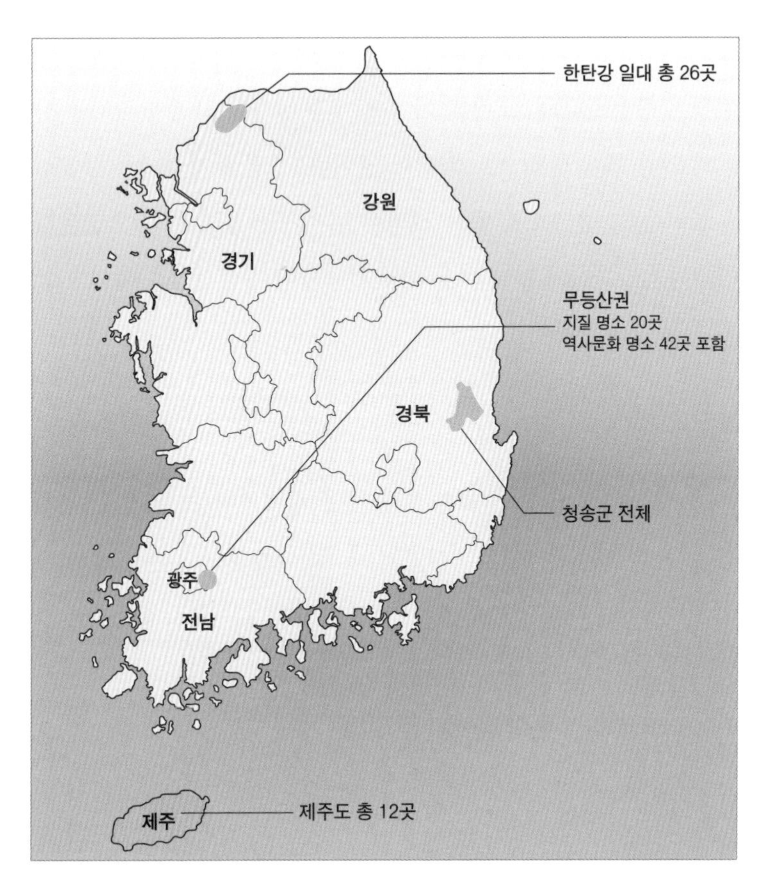

한국의 유네스코 세계지질공원

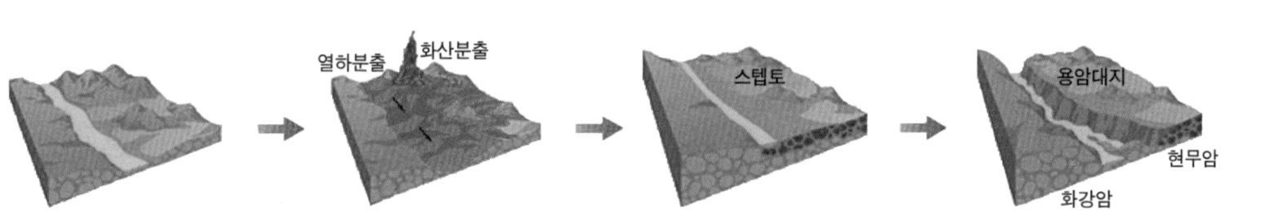

용암대지가 형성되는 과정

요. 이런 곳은 다른 지역보다 고도가 높지만, 산이 아니라 평평한 지형이 형성됩니다. 그런데 여기에 계속 비가 내리면 바위기둥 사이의 약한 틈을 중심으로 침식이 일어나고, 결국 가운데로 강물이 흐르면서 그 양쪽으로 용암 절벽이 펼쳐지는 용암 협곡이 만들어집니다. 또 깎이지 않고 남은 바위기둥들이 주상절리가 되어 기묘한 경관을 자랑하지요.

청송세계지질공원

경상북도 청송군 전체가 유네스코 세계지질공원으로 지정되었습니다. 청송군 일대는 선캄브리아기에서부터 신생대에 이르기까지 거의 모든 지질시대 암석을 찾아볼 수 있는 지역으로 그 자체로 지구의 작은 역사박물관이나 다름없어요.

특히 주왕산 일대는 화산재가 쌓인 뒤 굳어진 응회암 지역으로, 용암이 굳어서 형성된 현무암, 화강암 같은 일반적인 화산 지형에서는 찾아보기 어려운 독특한 경관을 보여주지요. 더구나 주왕산은 화산재가 하늘에서 떨어져 쌓인 것이 아니라 흘러가다 뭉쳐서 만들어졌는데, 이는 지질학적으로 매우 희귀한 상황에 해당해요. 더구나 이 일대의 응회암은 한 번에 흘러와 굳은 것이 아니라 여러 차례의 분출로 흘러온 서로 성분이 다른 화산재가 켜켜이 쌓여서 만들어졌어요. 그런데 이 켜켜이 쌓인 경계부는 다른 부분보다 밀도가 낮아 풍화 작용에 약해 오랜 세월에 걸쳐 깎여 나가

독특한 응회암 지대로 유명한 청송 주왕계곡의 지질탐방로

지요. 그 결과 깎여 나간 부분이 거대한 바윗덩어리 사이에 마치 길처럼 자리 잡고 그 위로 물이 흐르면서 양옆은 온통 우락부락한 절벽인데 막상 계곡길은 평탄한 독특한 지형이 만들어졌지요.

무등산세계지질공원

광주광역시, 전라남도 담양군, 화순군 일대의 무등산 정상 삼봉(천왕봉·지왕봉·인왕봉), 서석대, 입석대, 화순 서유리 공룡 화석지, 적벽 등 20개소 지질 명소를 포괄해 무등산권 지질공원으로 지정한 곳입니다. 이 중 가장 중요한 지질 명소는 역시 무등산의 주상절리대인 서석대와 입석대예요.

제주도의 독특한 화산 지형

제주세계지질공원

제주도는 우리나라에서 가장 이국적인 풍경을 보여주는 곳인데, 다른 나라 사람들 눈에도 그렇게 보이는 모양입니다. 제주도는 한라산국립공원, 유네스코 세계자연유산 등 수많은 타이틀을 가지고 있지만, 무엇보다도 섬 전체가 세계지질공원으로 지정된 귀중한 보물섬입니다. 제주도는 섬 전체, 심지어 바다 아래 있어 보이지 않는 부분까지 거대한 화산이지요. 화산 지형의 거의 모든 것을 관찰할 수 있는 곳입니다. 한라산은 물론 수많은 오름, 화산재가 쌓여서 만들어진 거대한 봉우리인 성산일출봉, 흘러가던 용암이 거대한 공기층을 품은 채(마치 거품처럼) 굳어져 형성된 만장굴 같은 거대한 용암동굴 등 화산박물관이라 불러도 좋은 곳이지요.

우리나라의 수도권과 인근 지역

경기 지방

옛날부터 오늘날까지 수도나 수도권의 위치는
어떻게 정해지고, 어떤 변화를 거쳐왔을까?

영토 크기 순위 108번째

우리나라 영토의 넓이는 100,443제곱킬로미터(국토교통부, 2023. 03. 기준)예요. 섬을 제외한 남북 길이는 약 470킬로미터, 동서 폭은 약 300킬로미터 정도입니다. 흔히 우리나라를 국토가 좁은 나라라고들 하지만 이 넓이는 세계적으로 보면 그렇게 작은 나라라고 볼 수 없어요. 200개가 넘는 나라 중 108번째 자리를 차지하고 있으니 딱 중간이지요. 하지만 우리가 자꾸 스스로를 작게 느끼는 까닭은 주변에 있는 국가가 다 우리나라보다 큰 나라들이기 때문입니다. 가령 일본만 해도 넓이가 우리나라의 4배에 가까워요. 중국은 90배가 넘고 러시아는 170배 정도고요. 미국도 우리나라와 일본에 영향력을 행사하고 있는데, 미국의 50개 주 중 우리나라보

전통적인 우리나라의 지역 구분

*출처: 『대한민국 국가지도집』(2019)

다 큰 주만 해도 37개네요.

이렇게 우리나라는 미국의 한 개 주 크기 정도의 나라이지만 자연경관과 문화경관이 의외로 다양한 나라예요. 그래서 비슷한 자연경관, 문화경관을 가진 지역끼리 묶어 몇 개의 지방으로 구별합니다. 호남 지방, 영남 지방 같은 말이 바로 그것입니다. 물론 행정구역으로 우리나라를 여러 지방으로 분류할 수도 있습니다. 전라 지방, 경상 지방 이런 식으로 말이죠.

사실 두 방법에 큰 차이는 없어요. 우리나라의 행정구역은 정부가 인위적으로 만든 것이 아니라, 전통적으로 형성된 여러 지방에 이름만 달리 붙인 경우가 많기 때문이지요. 그래서 호서 지방이 곧 충청 지방, 영남 지방이 곧 경상 지방, 이런 식으로 거의 호환됩니다. 하지만 이 책에서는 행정구역으로 각 지방을 분류하는 게 너무 딱딱하게 느껴져서 보다 전통적인 이름으로 분류해보겠습니다. 단, 여기서 우리나라는 한반도를 말하는 것이 아니라 대한민국을 말하는 것이기 때문에 북한 지역은 제외합니다.

경기 지방: 대한민국의 수도 역할

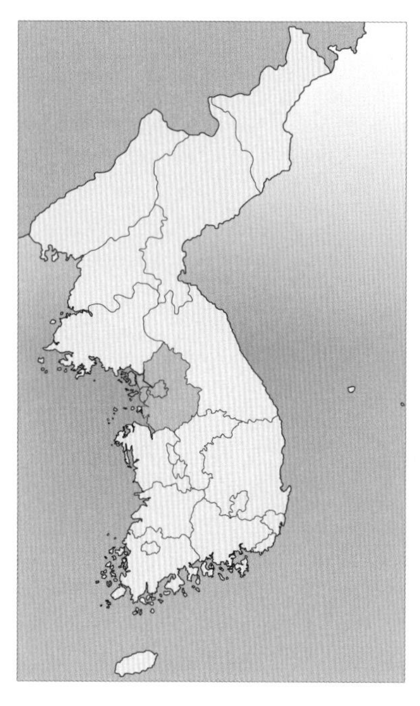

경기 지방에 포함되는 행정구역:
서울특별시, 인천광역시, 경기도

이 지역은 경기도를 포함하지만, 경기도만 일컫는 것은 아닙니다. 수도인 서울특별시를 비롯해 인천광역시와 경기도를 모두 포함해 경기 지방이라고 부르지요. 경기도에는 수원시, 용인시, 고양시처럼 인구 100만이 넘는 광역시급의 대도시가 포함되어 있고, 그 밖에 일부 지역만 봐도 성남시, 파주시, 포천시, 광주시, 과천시, 의왕시, 안양시, 부천시, 시흥시, 광명시, 안성시, 평택시, 동두천시, 의정부시, 양주시, 구리시, 하남시, 남양주시, 김포시, 여주시 등 기초자치단체 대부분이 시예요. 군이 훨씬 적어 연천군, 가평군, 양평군 정도만 남아 있지요.

경기라는 지역의 남다른 의미

원래 경기는 어떤 특정한 지역을 가리키는 말이 아니에요. 왕이 거주하는 도성을 뜻하는 경(京), 그리고 왕이 직접 통솔하는 지

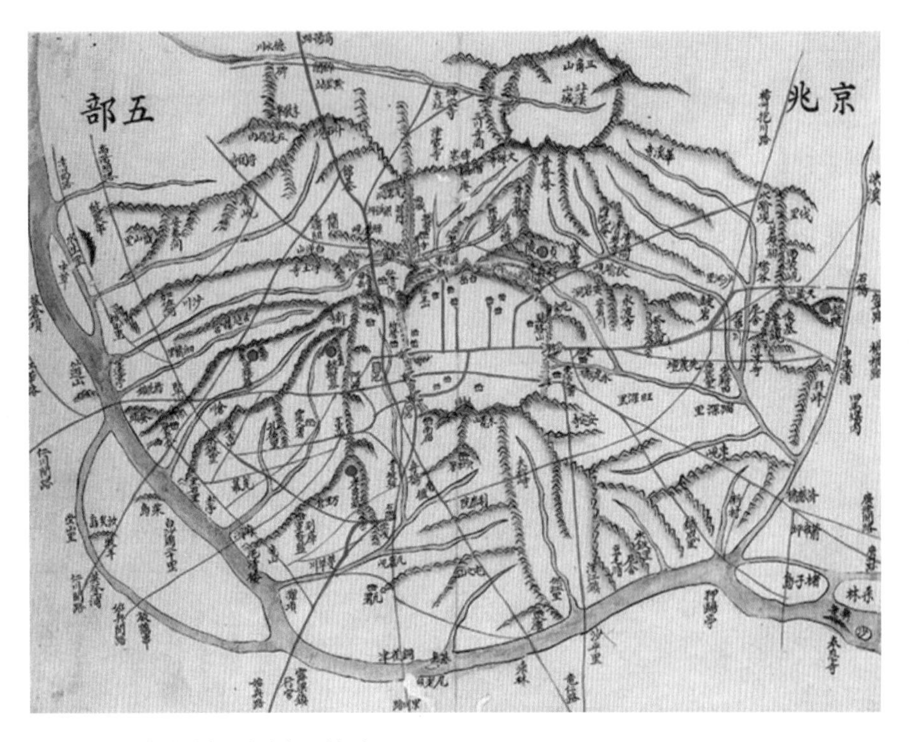

『대동여지도』 제1첩에 수록된 〈경조오부도〉
오늘날의 서울인 한양을 저 멀리 동서남북으로 경기도가 둘러싸고 있으며, 적색으로 표기된 옛길 노선은 조선시대 도로망이다. 경조오부에서 펼쳐진 도로는 경기도를 통과하는 경기 옛길들과 이어진다.

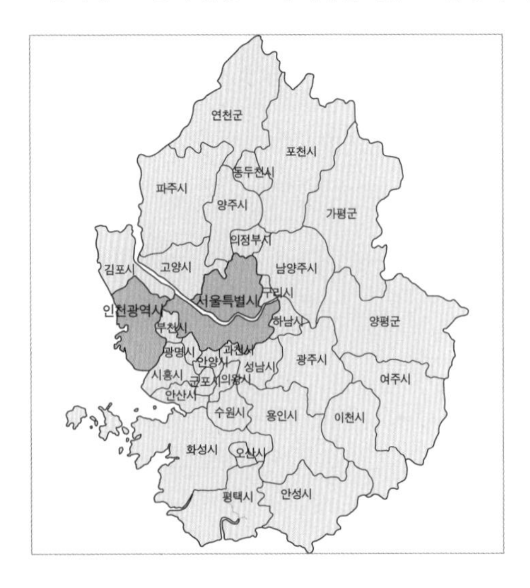

경기 지방과 그에 속한 행정구역

역을 뜻하는 기(畿)를 합쳐 경기(京畿)라고 부릅니다. 그러니 왕조가 바뀌고 도읍이 옮겨 가면 경기도 그에 따라 옮겨 가게 되어 있어요.

그런데 신라가 멸망한 이래 1000년이 넘도록 우리나라는 늘 오늘날 우리가 경기도라고 부르는 지역에 도읍이 있었어요. 고려의 개경, 조선의 한양에 이르기까지요. 그러다 보니 너무 당연하게 오늘날의 경기 지역이 그냥 경기로 정착하여 고유명사가 되었지요. 아마 수도가 멀리 다른 곳으로 옮겨 가더라도 경기도 이름은 그대로 이 지역에 남아 있을 겁니다. 물론 신라 왕조가 무너지지 않고 계속 이어졌다면 경상북도 경주, 포항, 영천 일대가 경기가 되었겠지요. 혹은 조선 태조가 도읍을 정할 때 한양 대신 계룡산 자락을 선택했다면 대전 일대가 경기가 되었을 테고요.

경기라고 하는 말의 기원은 굉장히 오래되어, 3000여 년 전 중국 주나라까지 거슬러 올라갑니다. 주나라는 왕이 일부 영토만 직접 통치하고 나머지는 작위에 따라 정해진 넓이만큼 제후들에게 나누어주는 봉건제도를 실시했어요. 이때 왕의 영토와 제후의 영토는 작위의 등급에 따라 넓이를 달리했지요. 맹자의 기록에 따르면, 왕의 땅은 궁전을 중심으로 사방이 1,000리, 공작과 후작은 사방 100리, 백작은 70리, 자작과 남작은 50리예요.

1리라는 거리는 오늘날의 몇 미터 정도일까요? 한나라 때는 415미터, 청나라 때는 500미터가 1리였다고 해요. 우리나라에서

고려말의 행정구역(왼쪽)과 조선의 행정구역(오른쪽)

는 한나라 기준을 사용했습니다. 일단 계산의 편의를 위해 400미터라고 하지요. 왕의 영토는 사방이 1,000리라고 했으니 왕궁을 중심으로 둘레가 400킬로미터가 됩니다. 왕이 머무르는 도읍을 경, 그 주변의 영토를 기라 해서 경기라는 말이 나왔으니 경기는 도읍, 즉 수도를 중심으로 둘레가 400킬로미터 정도 되는 도형이 되겠지요. 하지만 이 거리를 정확하게 재서 경기라 한 것은 아니고 왕성과 그 주변 지역 정도의 의미로 사용했어요.

경기도라는 명칭은 중국 당나라 때 처음 사용했습니다. 당나라는 수도인 장안(오늘날의 시안)을 중심으로 하는 지역을 경기도라고 불렀어요. 이후 우리나라가 중국의 관직과 제도를 도입한 고려시대에 경기도라는 행정구역도 함께 들어왔고, 고려를 계승한 조선까지 이어지게 되었지요.

오늘날 경기도는 조선의 경기도가 그대로 이어져온 것입니다. 조선의 도읍인 한양과 대한민국의 수도인 서울이 같은 도시기 때문이지요. 하지만 개경(개성)이 수도였던 고려의 경기는 오늘날의 경기도보다 꽤 북쪽입니다. 고려는 다른 지방은 도를 붙였지만, 경기는 그냥 경기라고 불렀습니다. 개성이 서울보다 60킬로미터 이상 북쪽에 있기 때문에 경기 역시 오늘날의 경기도보다 그만큼 북쪽입니다. 그래서 오늘날 경기도에서 가장 많은 인구가 살고 있는 수원, 성남, 용인은 물론, 심지어 서울의 한강 이남 지역조차 고려시대에는 오늘날의 충청도와 함께 양광도에 속했어요.

살기 힘든 지역에서 모든 것이 집중된 지역으로

개성과 서울이 도읍이 되었기에 경기가 되긴 했지만, 사실 경기 지방은 근대화 이전에는 그렇게 풍족한 지역이 아니었어요. 한강, 임진강 같은 큰 강이 흘러 나가고 서해 바다를 품고 있어 전국 각지로부터 물산을 운송해 오기 편리했지만, 남부 지방에 비해 기후가 춥고 토지도 질이 떨어져 농업 생산력은 그렇게 크지 않았거든요. 물론 김포, 여주, 이천이 맛 좋은 쌀로 유명하긴 했지만 쌀의 맛이 좋은 것과 많이 나는 것은 또 다른 이야기예요.

더구나 수도가 가깝다는 것은 양반들에게나 좋은 일이지, 농민들에게는 그리 즐겁지 않은 일이었습니다. 왕실에서 물자나 인력을 차출할 때 제일 먼저 경기 지방에서부터 시작했기 때문이지요. 또 왕실 종친이나 공신에게 나눠주는 땅도 주로 경기에 집중되어 있었어요. 그래서 조선시대 실학자 이익 선생은 경기의 백성들이 가난하고 지쳐 있다고 안타깝게 여기기도 했지요.

하지만 근대화와 함께 신분제가 폐지되면서 수도에서 가깝다는 것은 재난에서 축복으로 바뀌었습니다. 전통사회에서는 강제로 차출했던 것이 근대사회에서는 돈 주고 구입하고 고용해야 하는 것이 되었기 때문입니다. 이에 따라 경기 지방은 사업 기회와 일자리가 집중된 곳이 되었고, 이는 다시 다른 지방 인구를 끌어모으는 동력이 되었습니다.

이런 현상은 20세기를 넘어 21세기까지 100년이 넘도록 계속되어 오늘날 대한민국의 인구, 경제, 교육, 문화가 모두 이 지역에 집중되어 있습니다. 무엇보다 인구집중이 엄청납니다. 특정 지역에 이토록 많은 인구가 밀집한 곳은 세계적으로도 찾기 어렵습니다. 경기 지역의 면적은 대한민국 전체 면적의 8분의 1 정도에 지나지 않아요. 하지만 여기에 대한민국 인구의 절반이 넘는 2,600만여 명(통계청, 2023. 01. 기준)이 살고, 우리나라 GDP의 52퍼센트가 생산됩니다. 세계 최대 인구밀집 지역인 일본의 간토 대도시권(도쿄, 요코하마, 지바 일대)의 인구도 일본 전체 인구의 4분의 1에 불과하니 우리나라 경기 지역과는 비교도 되지 않지요.

경기 지역이 얼마나 빽빽한 곳인지 실감 나는 비유를 들어볼까요? 대만은 도시국가를 제외하면 세계에서 가장 인구밀도가 높은 나라 중 하나예요. 우리나라도 인구밀도가 높은 나라인데 대만의 인구밀도는 우리나라의 1.5배나 됩니다. 그런데 경기 지역은 대만의 3분의 1밖에 안 되는 면적에 대만 인구 전체(2,300만 명)보다 많은 사람들이 살고 있는 곳입니다. 정말 엄청난 인구밀집이지요.

더구나 이 엄청난 인구 중 대다수가 경기 지역에서도 그 중심부인 서울로 출퇴근합니다. 그래서 낮 시간에는 이 엄청난 인구가 일제히 서울을 향해 몰려들어 가고 저녁 시간에는 경기도로 빠져나가지요. 더구나 서울은 국제도시입니다. 이 인구 말고 업무차, 관광차 방문한 외국인도 무척 많아요. 그 결과 낮 시간의 서울은 상상을 초월하는 밀집도시가 됩니다. 출퇴근 시간의 지하철, 그리고 주말이나 휴일이면 주요 관광지나 쇼핑 구역에는 때로 정상적인 보행이 어려울 정도로 많은 인파가 몰리지요.

이렇게 인구가 빽빽하게 집중되어 있다 보니 다른 것들도 집중됩니다. 우선 고객이 많은 곳에 시장이 발달할 수밖에 없기 때

세계적인 인구밀집 지역인 서울

문에 비즈니스가 집중되지요. 비즈니스가 집중되니 일자리도 집중됩니다. 일자리가 집중되니 취업을 위해 전국의 젊은이들이 집중됩니다. 인구와 경제가 집중되니 교통, 문화, 교육 등 각종 인프라와 시설도 집중되고요. 그런데 이렇게 인프라가 집중되니 생활이 다른 지역보다 편리하고 삶의 질이 높아져 다시 다른 지역의 인구를 불러 모읍니다. 이렇게 인구집중이 악순환을 이루면서 다른 지역의 인구를 빨아들이는 블랙홀이 되고 있습니다.

경기 지역은 그리 넓은 지역이 아닌 데다 인구와 산업이 집중되어 지역 전체가 도시일 것 같지만 의외로 경관이 다양합니다. 자연환경도 다양하고, 다른 지역은 물론 다른 나라에서도 모여든 수많은 사람이 살기 때문에 문화적 경관도 다양하지요. 경기 지역을 자연경관, 문화경관에 따라 다음과 같은 세 지역으로 다시 나누어볼 수 있어요.

수도권: 한국의 메갈로폴리스

서울은 그 자체로 거대도시(메트로폴리스)이지만 주변의 여러 도시, 심지어 거대도시들을 자신의 부분처럼 거느리고 있는 거대도시권(메갈로폴리스)입니다. 그 결과 서울을 중심으로 여러 도시가 사실상 하나의 도시처럼 연결되어 있는데 이 범위를 수도권이라고 하지요.

흔히 경기 지방 전체를 수도권과 동의어처럼 쓰지만, 반드시 그렇지만은 않습니다. 경기 지방에도 농어촌 지역, 그리고 서울과 잘 연결되지 않는 지역이 의외로 꽤 됩니다. 특히 분단이라는 특수한 사정 때문에 서울을 중심으로 서쪽과 남쪽으로 거대도시권이 형성되어 있고, 북쪽은 농어촌 지역으로 남아 있는 곳이 많아요.

이 중 인천광역시, 수원시, 용인시, 성남시는 웬만한 나라의 수도와 맞먹는 큰 도시예요. 하지만 사실상 서울과 하나의 도시처럼 연결되어 있지요. 그리고 다른 크고 작은 도시들도 모두 잘 발달한 도로와 철도를 통해 서울에 연결되어 있어요. 서울의 공식 인구는 940만 명(통계청, 2023. 06. 기준) 남짓이지만, 서울을 포함해 수도권이라는 이름의 2,600만 명 정도의 초거대도시 하나가 존재한다고 봐야 할 정도입니다.

수도권을 자동차로 이동하며 창밖을 보면 10개가 넘는 다른 도시를 넘나들고 있다는 느낌을 전혀 받지 못합니다. 그냥 커다란 하나의 도시를 계속 지나가고 있다고 느끼지요. 한마디로 그냥 다 서울 같아요. 특히 경부선 축을 따라 서울에서 고속도로나 철도로 이동하면 거의 100킬로미터가 넘도록 대도시 경관이 계속 이어져요. 수도권의 범위는 지금도 계속 넓어지고 있어 어느새 경기도를 넘어 강원도와 충청도 일부 지역까지 끌어들이고 있습니다.

경기 북부: 서울의 북쪽이 겪은 변화

경기 북부 지방은 서울을 기준으로 북쪽을 말해요. 이 지역은

다른 도시, 비슷한 경관
(위부터 경기도 수원,
서울 송파, 경기도 성남)

조선시대까지만 상업의 중심지로 번창했어요. 한양 못지않은 대도시 개성을 중심으로 임진강, 예성강 물길이 발달해 있었고, 조선과 명나라, 청나라 사이의 무역에서 반드시 거쳐 가는 곳이었기 때문입니다.

하지만 분단과 전쟁이 모든 것을 바꾸었습니다. 한양에서 한반도 북부와 대륙을 연결하는 허브였던 경기 북부 지방은 오히려 정반대로 한반도 북부와 대륙으로 통하는 길을 가로막는 최전방이 되고 말았습니다. 이 지역의 교통로였던 임진강은 이제 그 사이로 휴전선이 지나가는 분단의 경계가 되어버렸지요.

그래서 이제 이 지역은 의정부, 동두천, 포천 등 군인을 상대로 하는 군사도시가 많습니다. 또 군사 지역이다 보니 여러 가지 개발제한이 있어 경기에서 가장 발전이 늦은 지역이 되었지요. 그나마 도시들도 주로 군부대 주변에서 군인을 상대로 하는 업소들을 중심으로 형성되었습니다. 그래서 '기지촌'이라는 달갑지 않은 이름으로 불리기도 했어요.

이 중 대표적인 도시인 동두천은 특히 주한미군을 상대로 수많은 가게가 번창하던 도시였어요. 우리나라가 가난한 개발도상국이던 1970~80년대까지만 해도 주한미군의 씀씀이는 당시 우리나라 소득수준을 아득히 뛰어넘는 큰돈이었기 때문에 여기 와서 한몫 챙긴 사람들도 많았지요. 하지만 이렇게 미군에 의존하던 경제는 2만 명이 넘던 주한미군이 4,500명 규모로 줄어들고, 그나마

경기 북부 포천의 산정호수
분단으로 개발이 제한되던 과거를 뒤로하고 경기 북부는 이제 관광도시로 변모하고 있다.

평택으로 기지가 이전하면서 순식간에 무너졌습니다.

이 지역은 군인에 의존하던 경세를 탈피하고자 큰 노력을 기울이고 있습니다. 이 중 서울에 인접한 의정부, 양주, 파주는 전철이 이곳까지 들어서면서 점점 수도권에 가깝게 변하고 있어요. 서울에서 비교적 먼 포천, 동두천, 연천 등은 오히려 잘 보존된 뛰어난 자연경관을 바탕으로 대도시 주민들의 근교 관광도시로 새로운 변화를 시도하고 있습니다.

경기 동부: 수도권이지만 강이 아름다운 전원

남양주, 양평, 가평, 여주, 이천 등이 자리 잡은 경기 동부 지역은 오랫동안 수도권이라는 말과는 어울리지 않는 농촌과 산촌의 모습을 보여주었습니다. 그래서 수도권보다는 오히려 강원도에 더 가까운 경관이지요. 가평은 춘천과, 양평은 홍천과 횡성, 이천은 원주와 자연스럽게 연결되어 있기도 하고요.

이 지역을 한마디로 정의하면 바로 한강이 펼쳐진 곳이라 할 수 있어요. 남한강과 북한강이 모두 흘러들어와 이 지역에서 합류하지요. 그래서 어디서나 굽이치는 한강을 볼 수 있습니다. 명지산, 유명산, 용문산같이 강원도 못지않은 높고 아름다운 산도 즐비합니다.

서울에서 가깝고 자연경관도 뛰어나다 보니 조선시대부터 양반 사대부들이 이 지역에 집을 짓고 살았어요. 특히 퇴직 관리들이 이 지역에 많이 살았습니다. 관직에서 물러나 산수 좋은 곳에서 전원생활을 즐기기 좋고, 그러면서도 한양에서 멀지 않아 시대 흐름에도 맞춰갈 수 있었기 때문이지요. 이와 비슷한 이유로 강원도 춘천, 원주에도 사대부들이 많이 살았습니다만 아무래도 이 지역 같지는 않았지요.

지금도 이 지역은 비슷한 기능을 합니다. 수도권 주민들이 전원과 아름다운 자연경관을 즐기고는 싶은데 서울에서 멀리 가고 싶지는 않을 때 가장 많이 찾는 곳이 바로 이 지역이죠. 그래서 곳곳에 자연휴양림, 주말농장이 들어서 있고, 젊은이들이 즐길 수 있는 분위기 좋은 레스토랑이나 카페가 즐비한 지역입니다.

우리나라의 서쪽과 동쪽

호서 지방과 관동 지방

산업과 기술, 교통의 변화를 보면 지리의 눈으로
지역의 변화를 생각해볼 수 있지.

호서 지방: 경기와 영호남을 잇는 중원

호서 지방은 대전광역시, 세종특별자치시, 그리고 충청북도와 충청남도를 포함하는 지역입니다. 보통 충청권이라는 말을 많이 쓰지만, 대전과 세종은 충청남도, 충청북도에 속하지 않는 광역자치단체이기 때문에 사실 정확한 표현은 아니에요.

그런데 충청이라는 이름은 조선시대에 처음 나왔어요. 그 이전까지 이 지역은 행정구역이 이리저리 바뀌었고, 다만 호서 지방이라는 이름이 오랫동안 사용됐어요.

호서 지방이란 호수 서쪽 지방이라는 뜻이에요. 여기서 말하는 호수가 대체 어떤 호수를 말하는지는 정확하게 확인하기 어려워요. 다만 충청북도 제천시에 있는 의림지일 것으로 추측해요.

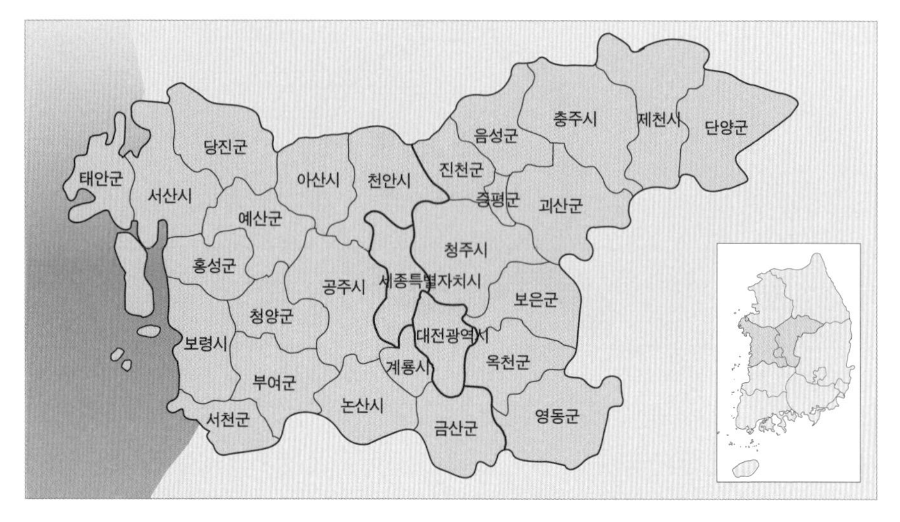

호서 지방에 속하는 행정구역: 세종특별자치시, 대전광역시, 충청남도, 충청북도

의림지는 무려 삼한(원삼국)시대에 조성된 인공호수입니다. 오늘날에는 대청호, 충주호 같은 거대한 인공호수가 있어 의림지는 연못 정도로 보이지만 근대화 이전에는 이 정도로 큰 내륙 호수를 거의 찾기 어려웠어요. 더구나 천연호수도 아니고 인공호수라니. 2000년 전 조상들은 도대체 어떻게 이렇게 거대한 저수지를 조성했을까요?

충청이라는 이름은 조선 태종이 8도를 정할 때 이 지역의 대표 도시인 충주와 청주의 앞 글자를 따서 붙인 이름이에요. 청주는 여전히 큰 도시로 남아 있지만, 충주는 오늘날 중소도시 규모로 줄어들어 "여기가 지역 머리글자에 들어갈 정도의 대표도시라

삼한시대에 조성된 인공호수인 제천 의림지

고?" 이런 의문을 자아내기도 해요.

이 지역은 고려시대에 처음 10도를 정할 때는 중원도(충청북도와 비슷)와 하남도(충청남도와 비슷)였어요. 그러다가 5도로 개편되면서 경기도 남부와 함께 양광도가 되었지요. 수원, 화성, 그리고 서울의 한강 이남 지역과 함께 같은 지역에 속해 있었던 것이죠. 그러다가 조선이 수도를 개경에서 남쪽인 한양으로 옮기면서 경기도도 전체적으로 남쪽으로 내려오게 되었어요. 그 결과 옛 경기 북부는 황해도로 가고 대신 양광도의 북쪽이 경기도로 가면서 남은 부분이 충청도가 되었습니다.

이런 유래에서 알 수 있듯이, 이 지역은 오랫동안 경기도와 밀

접하게 관련된 곳이에요. 지형적으로도 경기도에서 안성, 천안, 청주를 지나 논산에 이르는 구간에는 산이 거의 없으며 그 가운데로 남한강이 흘러갑니다. 넓은 평야에 고속도로가 지나가고 있는 셈이지요. 그래서 경기도와 호서 지방을 하나로 엮어 기호 지방이라고 부르기도 했어요. 개경이 수도였던 고려시대 때는 황해도 지역이 경기도와 하나로 엮인 주류 지역이었고, 이를 관내 지방이라 불렀습니다. 그러다가 수도가 남쪽으로 내려와 한양이 된 조선시대에는 호서 지방이 경기도와 함께 조선의 중심 지역이 된 것이죠.

이른바 동인, 서인의 당파싸움도 기득권 세력인 기호학파(화담 서경덕과 율곡 이이를 스승으로 모시는 학파)와 여기에 도전하는 영남학파(퇴계 이황과 남명 조식을 스승으로 모시는 학파)의 대결에서 비롯되었어요. 그리고 여기서 승리한 서인, 서인의 갈래인 노론은 모두 경기도와 충청도를 기반으로 하는 세력이었고요.

호서 지방의 특징: 국토의 가운데 역할

호서 지방의 가장 큰 특징은 한마디로 가운데라는 겁니다. 이 지방은 삼국시대에서 통일신라시대, 그리고 고려시대에 이르기까지 1500년간 늘 가운데였어요. 그래서 오늘날 충청북도 지방을 중원(中原)이라고 불렀고, 충주에 '우리나라의 한가운데'라는 의미의 중앙탑이라는 이름의 탑이 세워지기도 했지요.

충주의 '중앙탑' 탑평리 7층석탑
(통일신라시대)

이렇게 가운데 역할을 했다는 뜻은 이 지방의 고유한 특성이 다른 곳에 비해 적다는 뜻이기도 해요. 혹은 반대로 여러 지방의 특성이 다 섞여 있다는 뜻이지요. 실제로 이 지방은 호남이나 영남 지방처럼 확실하게 구별되는 호서만의 문화, 특징 같은 것이 두드러지지 않는 편이에요.

호서 지방이 이렇게 가운데 역할을 한 까닭은 한반도의 가운데에 자리 잡아서가 아닙니다. 굳이 따지면 호서 지방은 한반도 남부에 속해요. 하지만 삼국시대 때 고구려, 백제, 신라의 세력이 서로 겹치는 지역에 자리 잡았다는 걸 생각해야 합니다. 또 오늘날의 경기 지방이 수도권이 된 고려시대 이후에는 수도와 전라도, 경상도 이 세 지역을 연결하는 꼭짓점에 바로 호서 지방이 자리 잡고 있었지요.

이는 이 지방에 흘러가는 두 개의 큰 강, 한강과 금강 때문이에요. 한강은 대한민국에서 낙동강과 함께 대표적인 강이며, 금강은 한강 다음으로 긴 강입니다.

먼저 한강. 정확하게는 남한강인데, 강원도 산간 지방을 흘러내려오는 북한강과 달리, 영남, 호서 지방을 경기와 연결하는 남한강이 존재감이 훨씬 큽니다. 조선시대까지 한강이라고 하면 으

레 남한강을 일컬었을 정도에요. 남한강은 강원도 태백시 검룡소에서 발원하여 충청북도 단양으로 흘러들어와 남쪽으로 내려가다가 청주에서 달천과 합류하여 큰 물줄기를 이룬 뒤 크게 한 바퀴 이 지역을 휘감아 돌며 경기도를 향해 흘러갑니다. 전라북도 장수에서 발원한 금강은 충청북도를 세로로 가르며 올라갔다가 충청남도를 가로지르며 흘러가 전라북도 군산으로 흘러 서해로 나가지요.

이 두 개의 큰 강은 웬만한 강 못지않은 지류까지 거느리고 있어 호서 지방은 마치 실핏줄처럼 구석구석 강물이 연결된 곳입니다. 속리산에서 발원한 달천강은 청주를 지나 남한강에 합류하고, 대둔산에서 발원한 갑천은 대전광역시를 지나 금강에 합류하지요. 충청북도 음성에서 발원한 미호강은 청주를 지나 세종특별자치시에서 금강에 합류하고요.

이렇게 구석구석 강물이 흘러갈 뿐 아니라 평야도 넓게 발달해 일찍이 이 지역은 한반도에서 가장 농사가 잘되고 부유한 곳으로 손꼽혔지요. 논산평야 일대는 예로부터 우리나라 최대의 곡창지역 중 하나였어요. 원삼국시대 마한의 중심지가 오늘날 충남 천안, 목천 일대였고, 백제 역시 고구려와 신라에 한강을 빼앗겼는데도 금강 유역을 중심으로 번성했지요.

물산이 풍부하고 강물이 구석구석 연결되는 호서 지방은 수로가 가장 중요한 교통수단이던 시절, 우리나라 교통의 중심지 역할

백제왕성인 공주 공산성 방향에서 보이는 금강
호서 지방을 굽이굽이 흐르는 금강은 비단같이 아름답다고 해 붙여진 이름이다.

을 담당했습니다. 특히 곡창인 논산평야, 호남평야(두 평야는 사실상 연결되어 있어요)의 곡식과 풍부한 물산이 충청남도 강경에 모여들었고, 여기서 큰 배에 실려 금강을 따라 서해 바다로 나가 전국 각지에 배송됐지요. 반대로 북부 지방이나 중국에서 들어오는 물품도 서해로부터 강경으로 들어와 삼남(충청도, 전라도, 경상도) 지방에 배송됐어요.

이 지역은 특이하게 내륙 수로가 근대 교통수단에 자리를 내어준 오늘날에도 계속 교통의 중심지라는 이점을 잃지 않았지요. 우리나라 간선 교통망의 등뼈라 할 수 있는 경부선과 호남선이 모두 이 지역에서 합류하고 갈라집니다. 그 밖에도 수많은 철도와 고속도로가 대전, 천안, 청주 등 호서 지역을 중심으로 전국 각지로 갈라져요. 그야말로 우리나라의 허브가 된 것이죠.

호서 지방이 대한민국의 허브가 된 배경에는 민족의 비극이랄 수 있는 분단이 있습니다. 한반도 전체가 하나의 나라일 때는 호남, 영남과 함께 남부 지방으로 분류되었던 호서 지방이 한반도 남쪽만 대한민국이 되면서 국토의 한가운데가 되어버린 것이죠. 수도권이 대한민국의 중심이 아니라 북서쪽에 치우쳐 있는 까닭에 사실상 나라의 중심부인 호서 지방이 수도의 기능을 분담해야 하는 경우가 늘어난 거예요.

그래서 호서 지방은 수도권을 제외하면 유일하게 인구가 늘어나고 있는 지역이기도 해요. 하지만 이러한 발전이 호서 지방 전체에 해당하는 것은 아니에요. 발전하는 지역은 대체로 충청남도 지역에 치우쳐 있고, 청주보다 동쪽, 즉 충주와 제천 일대는 다른 지방과 마찬가지로 인구가 줄거나 정체되고 있습니다.

호서 지방은 다른 어느 지역보다도 경관이 다양해요. 자연환경도 다양하지만 인문환경도 다양합니다. 동쪽은 산악 지역이면서 강원도, 경상도와 교류가 많고, 남쪽은 평야 지역이면서 전라도와 교류가 많고, 북쪽은 수도권과 교류가 많은 등 그야말로 전국 각지의 사람과 물산이 모여드는 허브 지역이지요. 그러니 예로부터 여러 지역 출신들이 드나들었고, 문화와 경관이 다양할 수밖에 없는 곳입니다.

호서 서부 지방: 활기찬 산업 지역으로의 변모

호서 지방의 서쪽에는 천안, 아산, 당진, 서산 등의 도시가 자리 잡고 있어요. 또한 점점 수도권과 가까워지고 있지요. 천안, 아산 같은 경우는 사실상 수도권 도시라고 봐도 될 정도입니다. 충청남도 아산시와 경기도 평택시가 사실상 아산만을 사이에 두고 마주 보고 있으며, 수도권 전철도 천안을 지나 아산까지 운행해요. 실제로 서울에서 천안, 아산까지 가는 길은 도시 풍경이 계속 이어집니다.

천안, 아산, 당진에는 많은 수출기업이 들어서 있습니다. 호서 지방의 제조업 절반 이상이 이 세 도시에 모여 있을 정도예요. 수도권과 그리 멀지 않으면서 일자리도 계속 늘어나고 있어 노동자와 그 가족들이 계속 이주해 오고 있어요. 수도권 주민의 출퇴근 가능 범위 안에 있기도 해 기업도 수도권의 비싼 땅값을 피해 이쪽으로 이주하는 경우가 늘어나고 있고요. 2022년 이후에도 대기업 산업단지가 계속 들어올 예정이라 앞으로도 산업 규모와 인구는 더 커질 예정입니다. 그 결과 천안, 아산 같은 도시는 수원, 서울에 이어 20~30대 인구 비율이 높아 지방도시 중 가장 젊고 활기 넘치는 도시가 되었지요.

그런데 이 지역이 이토록 활기 넘치는 산업 지역이 된 역사는 의외로 길지 않아요. 1990년대까지만 해도 이 지역은 전형적인 농촌 지역이었으며, 그 밖에는 약간의 관광 자원이 있을 뿐이었습

2000년대 이후 산업단지와 물류의 중심지로 부상한 평택·당진항 모습

니다. 가령 아산은 충무공 이순신 장군을 기리는 현충사와 온양온천, 도고온천으로 유명한 관광휴양도시였고, 당진은 갯벌을 이용한 천일제염업이 유명한 곳이었어요.

이 지역을 완전히 바꾸어 놓은 계기는 2000년대 이후 부쩍 늘어난 우리나라와 중국의 무역이에요. 2000년대 이전까지 우리나라의 최대 무역상대국은 미국과 일본이었어요. 따라서 우리나라의 산업 시설과 교통은 미국, 일본과 가까운 동남쪽과 서울을 연결하는 이른바 경부선 라인을 따라 발달했고, 서쪽은 상대적으로 낙후되었지요. 하지만 우리나라의 최대 무역상대국이 중국으로 바뀌면서 서쪽에 항구와 산업 시설이 들어서기 시작했습니다. 그러고 보면 우리나라가 중국과 주로 교역하던 전근대 시대에도 이 지역이 무역의 중심지였네요. 당진이라는 이름 자체가 중국의 당나라와 교류하는 항구라는 뜻이거든요.

하지만 발전의 이면에는 사라져가는 그리운 예전 풍경도 있습니다. 가령 우리나라 온천 휴양지의 대명사나 다름없던 온양온천이 사라지고 있지요. 조선시대 임금의 휴양지 온궁이 있던 곳에 세워진 역사가 오래된 온천 호텔마저 폐업 위기이며, 또 다른 큰 온천 호텔은 늘어난 인구를 감당하기 위한 아파트 단지가 되었어요. 역 이름만 온양온천역일 뿐, 온양온천의 맥이 거의 끊어질 지경입니다.

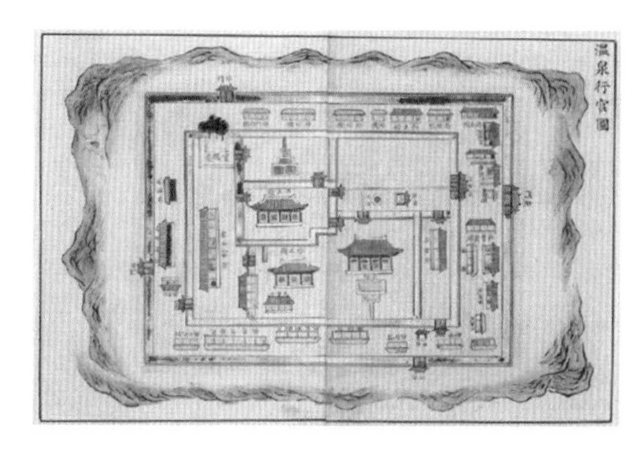

〈온양행궁도〉(복원판)
세종 등 조선의 임금들이 치료와 휴식을 위해 온양의 행궁에 머물며 온천욕을 했다는 기록이 있다.

대전 대도시권: 제2의 수도로 자리한 지리적 특성

이 지역은 대전광역시를 중심으로 충청북도 청주시, 세종특별자치시, 충청남도 공주시가 서로 이어지면서 하나의 대도시권을 이룬 곳이에요. 이 대도시권은 주변의 계룡, 옥천, 목천, 증평까지 확대되고 있습니다. 이 지역은 천안, 아산처럼 수도권에 연결되어 큰 도시로 발전한 곳이 아니라, 오히려 서울과 독립적이고 독자적인 대도시권에 가깝습니다. 대한민국의 한가운데에 위치하고, 수도권이 북한과 가깝다는 지정학적인 이유로 정부와 공공기관들이 이 지역으로 옮겨 왔기 때문이지요. 이곳에는 '제2의 수도'라고 불러도 될 정도로 많은 정부기관, 공공기관이 자리 잡고 있어요.

우선 세종특별자치시가 있습니다. 세종은 우리나라에서 처음으로 도시 전체를 사전 계획하여 인공적으로 조성한 계획도시예요. 원래 계획은 서울을 대신하는 새로운 수도를 만드는 것이었지만 여러 가지 법적 문제가 걸리면서 대통령과 국회는 서울에 남았어요. 하지만 정부부처 대부분이 서울이 아니라 세종으로 이전하면서 사실상 행정수도라고 불러도 손색이 없어요.

세종이 행정수도라면, 대전은 과학기술의 수도예요. 대전시 대덕구에 자리 잡은 대덕연구개발특구에는 카이스트를 비롯해 정부가 출연한 우리나라 과학기술 연구소 대부분이 모여 있습니다. 정부 출연 연구소가 모여 있다 보니 대기업이 설립한 민간 연구소도 시너지 효과를 위해 이곳에 자리 잡고 있습니다. 그래서 대전은 우리나라에서 과학자가 가장 많이 사는 도시가 되었습니다. 또 대전에 붙어 있는 계룡시는 육해공군 사령부가 모두 자리 잡고 있는 우리나라의 국방수도입니다.

충청북도 도청이 자리한 도시 청주는 많은 산업 시설을 보유하고 있어 대전에 종속되기보다는 또 다른 중심도시 역할을 하는 곳

세종정부청사
행정수도의 기능을 수행하는 특별자치시로, 서울의 과밀화를 해결하고 국토 균형발전을 실현하기 위해 건설된 계획도시이다.

입니다. 세종과 연결되는 고속철도역인 오송역이 세종보다 오히려 청주와 가까워, 세종에서 근무하는 정부부처 직원과 그 가족들이 청주에도 많이 유입되어 지방도시 중 인구가 증가하는 몇 안 되는 도시로 꼽히고 있지요. 현재 청주의 인구는 87만 명으로 광역시에 버금가는 규모예요. 특히 청주에는 종합대학이 5개나 있고, 공군사관학교까지 있는 등 인구 대비 학생 수가 많은 교육도시예요.

내포 지방: 수로의 허브이자 상업 중심지

내포 지방, 즉 호서 지방의 남서쪽은 예로부터 물산이 풍부하

충남도청을 포함해 산하 공공기관 이전 등을 위해 조성된 계획도시인 내포 신도시

고 교통이 편리해 늘 풍족했던 지역입니다. 삼국시대에는 백제의 본거지였으며, 또 통일신라시대에는 당나라와의 교역 창구로 번성했고, 조선시대에도 수로의 허브로 상업 중심지 역할을 했어요.

예산, 홍성, 청양, 논산, 부여 등 이 지역의 범위는 상당히 넓어요. 하지만 큰 산이 가로막거나 하지 않고 평야로 이어져 있어 멀다는 느낌은 들지 않습니다. 오늘날에는 이 지역의 예산과 홍성을 중심으로 내포 신도시를 조성해 충청남도 도청과 교육청 등 주요 공공기관이 들어서 있어요.

이 지역은 높거나 험하지 않으면서도 예쁜 산과 적당한 평야가 골고루 발달해 있어 전통적인 명당자리가 많습니다. 명당이라 그런지는 모르겠지만, 이제껏 홍수, 가뭄, 태풍 등 자연재해도 다

충남 서산의 마애삼존불

른 지역에 비해 적은 편이었습니다. 그래서인지 이 지역을 여행하면 편안하고 따스한 느낌을 받습니다.

농사도 잘되고, 물산도 풍부하고, 명당도 많으니 당연히 유력한 양반 가문도 이곳에 많이 와서 살았지요. 덕분에 천년고찰이자 우리나라에서 가장 오래된 건축으로 추정되는 수덕사, 서산마애삼존불, 해미읍성 같은 다양한 문화유적이 남아 있어 수도권을 비롯해 전국에서 수많은 관광객이 찾고 있어요.

정말 땅의 기운이 좋아서 그런지는 모르겠지만, 이 지역은 유달리 독립운동가를 많이 배출한 충절의 고장입니다. 이 지역에서 배출한 독립운동가를 꼽아보자면 한용운, 김좌진, 윤봉길, 유관순, 이동녕 등 이름만 들어도 고개가 숙여지는 분들입니다. 내포신도시에는 이분들을 기념하는 독립운동가 거리가 조성되어 있지요.

도담삼봉
남한강 한가운데 솟은 3개의 섬을 일컫는다. 조선의 개국공신 정도전이 여기서 자신의 호(삼봉)를 땄다고 하며, 단양팔경 중 하나다.

호서 동부 지방: 영남과 수도를 연결하는 통로

호서 지방의 동쪽은 산악 지역으로 그 풍경이나 문화가 경상북도 북부, 강원도 남부와 비슷합니다. 그중에서도 동북쪽에 자리 잡은 제천은 강원도와 비슷하고, 동남쪽에 자리 잡은 단양은 경상북도와 비슷하며, 충주는 그 어디와도 다른 독특한 분위기를 유지하고 있지요.

이 지역은 남한강 물길의 출발점으로 근대화 이전에는 영남권과 수도권을 연결하는 중요한 통로였어요. 임진왜란 때 조선군과 일본군의 가장 큰 격전이 충주에서 일어났던 것도 바로 이 때문이지요. 여기서 신립 장군이 이끄는 조선군이 패배하자 일본이 그대로 한양까지 밀고 들어올 수 있었습니다. 하지만 근대화 이후에는 내륙 수로가 쇠퇴한 반면, 고속도로나 철도 같은 근대 교통수단의 도입은 늦어 호서 지방의 다른 지역에 비해 발전이 뒤처진 지역이기도 해요.

하지만 이 지역은 아름다운 자연경관이 있는 곳이기에 수도권은 물론 대전 대도시권에서도 많은 관광객이 찾아오는 곳이에요. 소백산, 월악산, 속리산 등 국립공원이 줄을 지어 있지요. 또 석회암 지역인 제천시, 단양군 일대에는 고수동굴, 천동굴, 단양팔경 같은 희귀한 자연경관도 풍부합니다.

관동 지방: 관문의 동쪽, 백두대간의 동쪽

지금의 행정구역상 강원도와 경상북도의 울진군을 관동 지방이라고 불렀습니다. 울진군의 경우 조선시대에는 강원도에 속해 있었거든요. 그러다가 1962년부터 경상북도로 소속이 바뀌었지요. 실제로 언어, 문화, 그리고 생활권이 강원도보다는 경상북도에 훨씬 가까웠기 때문입니다. 강원도에는 춘천시, 원주시, 강릉시, 속초시, 동해시, 삼척시, 태백시 7개 시가 있습니다. 북한과의 군사 경계선이 있는 곳이라 화천군, 철원군, 양구군, 인제군, 홍천군, 횡성군, 영월군, 정선군, 양양군, 고성군, 평창군 등 대부분의 기초자치단체가 군사 지역이라고도 할 수 있지요.

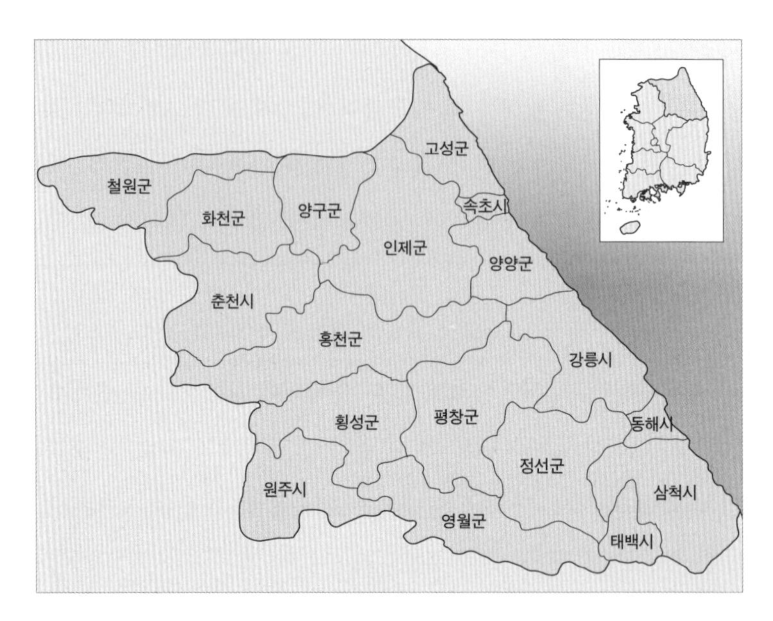

관동 지방의 위치와 그에 속한 행정구역: 강원도

지금은 관동 지방에 속하는 행정구역이 강원도뿐이에요. 그러니 그냥 강원 지방이라 불러도 별 무리는 없어요. 하지만 강원도라는 이름은 조선시대 이후에야 나온 이름이고, 고려시대부터 조선시대에 이르기까지 1000년간 이 지역은 관동 지방이라고 불렀습니다. 만약 조선시대 시인 정철의 유명한 가사 제목이 「관동별곡」이 아니라 「강원별곡」이었다면 한결 부르는 맛이 덜했겠지요.

관동 지방이라는 이름은 관문의 동쪽(關東)이라는 뜻이에요. 이 관문은 현재 북한에 있어 우리가 가볼 수 없는 철령관을 말해요. 철령관을 기준으로 동쪽, 북쪽, 서쪽이라는 의미의 관동, 관서

조선시대 〈여지도〉로 보는 철령(철령관, 동그라미 부분)의 위치

(평안도), 관북(함경도) 지방의 이름이 나왔던 거지요. 하지만 지도로 보면 관동 지방은 철령관 동쪽보다는 남쪽에 가까워요.

또 다른 설명도 있어요. 고려 초기 행정구역인 10도에서 경기도와 황해도를 합쳐 관내도라 불렀다고 해요. 임금이 직접 다스리는 곳이라는 뜻인데, 이 관내의 동쪽인 삭방도를 일컬어 관동 지방이라 불렀다고 합니다. 요즘 말로 하면 수도권 동쪽이 되겠죠. 여기에는 오늘날 경기도의 산악 지역인 양평, 가평, 포천, 그리고 경상북도 울진 등이 포함되어 있어요.

강원도라는 이름은 조선시대에 8도를 설치하면서 이 지역 중심 도시인 강릉과 원주의 앞 글자를 딴 것입니다.

관동 지방, 산과 바다가 만든 특색

이 지역의 특징은 한마디로 산과 바다예요. 우리나라에서 손꼽히는 산악 지역이면서 긴 해안선을 가진 지역이기도 하고요. 바로 동해에 닿아 있기 때문이에요. 2023년 현재 우리나라 국립공

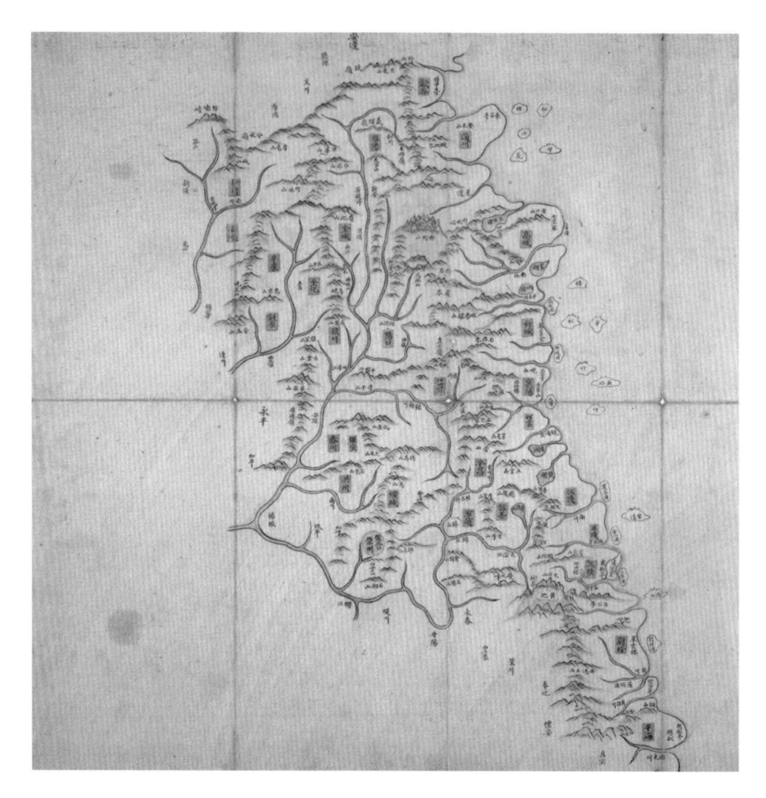

조선시대 〈관동지도〉에서 보는 강원도

원 중 산악국립공원이 모두 18개인데 그중 4개가 강원도에 자리잡고 있어요. 또 조선 사람들이 꼽은 조선 12대 명산(묘향산, 칠보산, 구월산, 금강산, 설악산, 오대산, 태백산, 소백산, 속리산, 계룡산, 가야산, 지리산) 중 4개가 관동 지방에 속해 있지요. 강원도가 맞닿아 있는 동해는 수심이 깊고 경사가 급해 대륙붕이나 갯벌이 발달하지 않았어요. 조수간만의 차이도 느껴지지 않습니다. 대신에 물이 맑고 백사장이 발달해 전국에서 가장 많은 수의 해수욕장을 보유하고 있지요.

지대가 높고 경관이 좋은 산이 많다 보니 시원하고 아름다운 계곡과 강도 많아요. 그야말로 산, 강, 바다의 콜라보입니다. 조선시대의 『신증동국여지승람』에서는 이 지방을 다음과 같이 소개하지요.

> 동해는 조수가 없어 물이 탁하지 않아서 벽해(푸른 바다)라 부른다. 항구나 섬으로 앞을 가리는 것이 없어 큰 못가에 임한 듯 넓고 아득한 기상이 자못 굉장하다. 또한 이 지역에는 이름난 호수와 기이한 바위가 많아서 높은 데 오르면 넓고 푸른 바다가 멀리 아득하게 보이고, 산골짜기에 들어가면 물과 돌이 아늑하여 경치가 나라 안에서 참으로 세일이다.

그야말로 눈앞에 멋진 풍경이 그려지는 것 같지요? 그런데 이렇게 산이 많다 보니 당연히 평야는 적어요. 강원도 전체 면적 중 겨우 5.6퍼센트가 평야에요. 국토의 70퍼센트가 산이라는 우리나라 기준으로도 엄청난 산골이지요. 평야도 적을 뿐 아니라 높은 산이 많아 여름이 서늘하다 보니 벼농사는 잘 이루어지지 않아요. 대신 옥수수, 메밀, 감자 등 밭농사나 여름에도 서늘한 기후를 이용한 고랭지 농업이 이루어집니다. 우리나라 고랭지 농작물의

3분의 2가 이 지역에서 재배되지요.

평지가 적고 곡식 농사에 불리하다 보니 사람이 거주하기 적합하지 않고, 인구도 적습니다. 강원도는 대한민국 전체 면적의 16.7퍼센트를 차지하는 큰 행정구역이지만, 거주하는 인구는 겨우 153만 명에 불과하지요. 서울의 22개 구 중 3개 정도면 강원도 전체 인구에 맞먹습니다. 그나마 그 153만 명 중 절반이 춘천, 원주, 강릉 세 도시에 모여 살고 있고요.

조선시대까지 관동 지방 사람들은 순박하고 다소 어리석다는 평가를 받기도 했지요. 산골짜기에 몇 안 되는 사람들이 드문드문 흩어져 살다 보니 보고 듣는 것이 적고, 사람 경험도 적어 어리숙해 보였던 모양이지요.

하지만 오늘날에는 전혀 다릅니다. 비록 인구는 적고 인구밀도도 낮지만, 주민보다 훨씬 많은 관광객이 방문하기 때문이에요. 관동 지방의 연간 관광객은 2022년 기준 무려 연인원 1억 5,000만 명이 넘어요(출처는 강원도관광재단, 연인원은 한 사람이 사흘 머무르면 3명이 됩니다). 인구의 100배나 되는 관광객이 방문하는 것이죠. 실제로 관광산업은 이 지역 고용의 20퍼센트 이상을 차지합니다. 이 지역에서 만나는 사람들은 주민보다는 관광객일 가능성이 더 크지요.

이 지역의 관광 자원은 산과 바다입니다. 설악산, 오대산, 치악산, 태백산 등 모두 우리나라 등산 문화를 대표하는 명산이지요. 또 이 지역의 동해 바다는 물이 맑고 백사장이 잘 발달해 화진포, 송지호, 낙산, 하조대, 경포대, 망상 등 한 번씩은 들어봤을 유명한 해수욕장이 거의 10킬로미터 간격으로 줄줄이 자리 잡고 있어요.

이 지역이 여름 휴양지로 인기가 많은 까닭은 경치도 훌륭하지만 다른 지역보다 여름철 평균기온이 현저히 낮기 때문이에요. 수도권과 비교하면 거의 5도 이상 낮아요. 아래 지도를 보면 전국이 달아오르는 여름철, 관동 지방의 색깔만 시원한 녹색 계열인 것이 눈에 확 들어오지요? 마치 불타는 한반도 안에 자리 잡은 시원한 오아시스 같아 보입니다.

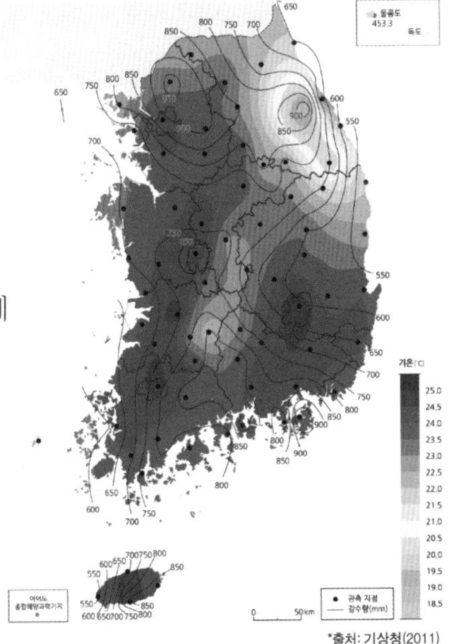

*출처: 기상청(2011)

여름 평균기온과 강수량(1981-2010)

그래서 이 지역은 7월 말 8월 초가 되면 전국 각지에서 더위를 피해 휴가를 즐기려는 관광객이 몰려들어 교통대란이 일어나기도 해요.

여름뿐 아니라 가을과 겨울에도 이 지역에는 관광객이 많이 몰려옵니다. 유명한 산이 많은 지역이기 때문에 전국 어느 지역보다 아름다운 단풍과 억새밭이 장관을 이루죠. 물론 여름이 시원한 만큼 겨울은 다른

해마다 피서 인파가 몰려드는 영동 지방 강릉의 경포대 해수욕장

지역보다 더 춥지만, 대신 다른 지역보다 눈이 많이 내리기 때문에 스키를 즐기려는 관광객으로 제2의 성수기를 이루기도 해요. 특히 평창 일대는 동계올림픽을 개최할 정도로 겨울 스포츠 시설이 잘 갖춰진 곳이에요.

관동 지방은 경기도의 2배가 넘는 넓은 지역입니다. 95퍼센트 가까이가 산이라고 해도 경관이 다 비슷하지는 않아요. 오히려 높고 험한 산이 많아 주민들의 왕래와 교류가 적어 지역 내 문화 차이가 큰 편이죠. 크게는 대관령을 경계로 영서 지방과 영동 지방이 다르고, 같은 영서 지방 안에서도 춘천권, 원주권, 평창권, 태백권이 서로 다릅니다.

영서 지방은 한반도에서 내륙 한가운데에 해당하며 우리나라에서 가장 산이 많은 지역이에요. 그나마 얼마 안 되는 평지는 대부분 춘천분지와 원주분지에 집중되어 있고, 인구 역시 이 두 도시에 집중되어 있습니다.

그런데 춘천과 원주 두 도시는 서울과 철도와 고속도로로 편리하게 연결되어 있어 관동 지방의 다른 도시보다 오히려 경기 지방과의 교류가 더 활발한 편입니다. 춘천, 원주 모두 서울까지 기차로 1시간 이내면 도착하며, 춘천은 아예 수도권 전철이 연결되어 있거든요. 그래서 이 두 도시는 지방도시가 점점 위축되고 있는 '지방소멸' 시대에 오히려 인구가 꾸준히 늘어나고 있어요. 문제는 관동 지방의 중심도시로서 인구가 늘어나는 것이 아니라 수도권의 가장자리로서 인구가 늘어나고 있다는 거지요.

춘천은 의암호, 춘천호, 소양호로 둘러싸인 호반의 도시입니다. 이 호수들을 삼악산, 용화산 등 아름다운 산이 감싸고 있어 경관이 아름다운 도시이며, 수도권 주민에게는 낭만의 도시로 불리지요. 그래서 옛날부터 젊은이의 데이트 코스로 사랑받아왔고, 주말이면 근교 나들이를 나온 수도권 관광객들로 가득해요. 오랫동안 낭만의 도시로 사랑받아온 곳이라 세련된 카페나 레스토랑도 많고, 각종 문화 인프라도 수도권 못지않게 풍부합니다.

이렇게 말하면 마치 유행 타는 도시처럼 느껴지지만, 사실 춘

강원 춘천 의암호의 작은 섬 중도에서 발굴 중인 한반도 최대 규모의 선사 유적지(위), 반대 여론에도 불구하고 유적지에 지어진 놀이공원 레고랜드(아래).

천은 역사가 아주 오래된 도시입니다. 어쩌면 우리나라에서 역사가 가장 오래된 도시일지도 몰라요. 여기서 우리나라에서 가장 오래되고, 가장 규모가 큰 청동기 유적지인 중도유적지가 발견되었기 때문이지요. 더구나 중도유적지에서는 한반도 북쪽 민족인 예맥족(고조선, 부여, 고구려, 백제의 조상)과 한반도 남쪽 민족인 한민족(삼한, 가야, 신라)의 유물이 모두 출토되었어요. 이 지역이 북방계와 남방계 주민의 교류를 통해 민족융합이 일어나던 지역이었음을 보여줍니다. 그런데 이 엄청난 유적지에 그만 놀이공원이 세워지고 말았지요. 바로 레고랜드입니다.

원주 역시 춘천 못지않게 역사가 깊은 도시예요. 수도권과 관동 지방, 호서 지방을 모두 연결하는 교통 요지에 자리 잡고 있기 때문이지요. 신라 때 원주는 북원경이라 불리며 새로 합병한 고구려 쪽 영토를 관할하는 제2 수도의 역할을 했습니다. 신라는 수도인 경주가 국토의 동남쪽에 치우쳐 있어 삼국통일 이후 전국을 망라하는 데 어려움을 겪었는데, 원주가 당시 통일신라 영토의 한가운데에 해당했기 때문이지요.

그때부터 꾸준히 이 지역의 중심도시 역할을 했던 원주는 조선시대에도 강원도 관찰사의 관아가 자리 잡은 감영도시였고, 지금도 인구가 36만 명을 넘어 강원도에서 가장 큰 도시입니다. 그런데 원주는 여러 면에서 강원도답지 않은 도시예요. 고려시대에는 오히려 오늘날 충청도에 해당하는 양광도에 속하기도 했고, 지금도 경기도, 충청북도, 강원도 사이에 자리 잡고 있지요. 또 강원도의 다른 지역과 달리 산지가 비교적 적고 평야가 넓어 경관도 강원도보다는 경기도에 가깝습니다.

조선시대 이중환의 『택리지』에서도 원주를 이렇게 묘사하고 있어요.

> 서울과 이백오십 리 떨어져 있고 동쪽은 큰 산과 두메에 가깝다. 산이 골짜기를 이루고 있지만 그 사이로 들판이 열려 있고 막힘이 없어 매우 명랑한 분위기를 준다. 여기에다 두메와 가까워서 난리가 일어나면 숨어 피하기가 쉽고 서울과 가까워서 세상이 평안하면 벼슬길에 나갈 수 있는 까닭에 한양의 많은 사대부가 여기에 와 살기를 좋아한다.

조선시대의 지리서 『택리지』

수도권에 가까워지고 있는 춘천, 원주 두 도시에서 좀 더 동쪽으로 이동하면 이때부터 본격적인 강원도 풍경이 펼쳐집니다. 점점 고도가 올라가면서 해발 700미터 이상 고원지대가 넓게 펼쳐지는 것이죠. 고원지대는 산처럼 높이 올라왔는데 이 높이에 평지가 펼쳐진 곳입니다. 이 지역의 전형적인 풍경은 해발 700미터 위에 오히려 평평한 땅이 펼쳐져 있고 다시 그 위로 해발 1,000미터 이상의 산들이(눈으로는 300~800미터 정도로 보이는) 끝없이 펼쳐져 있는 것이죠. 2018년 동계올림픽이 열렸던 평창을 비롯해 홍천, 인제, 영월, 정선, 태백, 횡성 등 면적은 넓지만 인구는 많지 않은, 그야말로 강원도다운 산골 지역들이 두툼하게 자리 잡아 우리나라의 지붕을 이루고 있습니다.

횡성, 평창은 이 중에서 특히 평지가 많은 고원 지역이에요. 이 지역에 가면 수백 미터 고도를 올라왔다는 게 믿어지지 않을 정도로 평지가 많이 나타나요. 이런 평지에서 무, 배추 같은 채소를 재배하는 고랭지 농업, 그리고 넓은 풀밭을 이용한 목축업이 이루어집니다.

영월, 정선, 태백, 삼척(삼척 지역은 아주 넓은데, 그중 3분의 2가 영서 지방이고, 삼척 시내는 영동 지방에 속해 동해안에 자리 잡고 있어요)은 동강과 오십천이 휘감아 돌아가는 지역으로 산봉우리 사이사이로 강물이 빙글빙글 감고 돌아가는, 그야말로 산 넘고 물 건너는 지역입니다. 영월과 삼척은 우리나라에서 손꼽히는 석회암 지역이에요. 이 지역은 땅 전체가 거대한 석회암 덩어리나 다름없습니다. 석회암은 시멘트 원료이기 때문에 곳곳에 시멘트 공장이 세워져 있어요. 또 물에 잘 녹는 석회암의 특성 때문에 석회동굴과 기암괴석이 즐비해 관광객의 눈길을 끌어모으고 있지요.

태백과 정선은 한때 석탄, 텅스텐을 캐는 광산이 즐비했던 곳

평창 고원지대의 고랭지 농업(위), 광산업에서 레저 산업으로 변모하고 있는 태백과 정선(아래)의 레포츠 시설

으로, 한창때는 동네 강아지도 지폐를 물고 다닌다고 했을 정도로 번성했던 탄광 지역입니다. 하지만 지금은 대부분의 광산이 문을 닫아 경제가 위축되고 인구가 크게 줄어들었지요. 대체산업으로 폐광 지역에 카지노를 세우고 각종 휴양 시설을 지어 여름에는 피서지로, 겨울에는 스키 리조트로 많은 관광객을 받고 있지만, 이 정도로는 한창때의 경제와 인구를 회복하기 힘들어 보이지요.

북쪽에 자리 잡은 화천군, 양구군, 철원군은 산악 지역일 뿐 아니라 휴전선이 지나가는 최전방이에요. 안 그래도 개발이 어려운 곳인데 여러 가지 군사적인 제약까지 걸려 있어 우리나라에서 발전이 가장 늦은 곳이 되고 말았지요. 하지만 달리 말하면 우리나라에서 자연이 가장 잘 보전된 지역이라는 뜻이기도 합니다. 이 지역에 잘 보전된 생태야말로 어쩌면 우리나라에서 가장 소중하게 간직해야 할 보물일지도 모릅니다. 만약 남북의 대치가 완화되고 평화가 온다면 세계적으로 손꼽히는 생태관광 지역이 될 수 있을 거예요.

영동 지방: 백두대간과 푸르른 동해 사이

관동 지방에는 백두대간과 동해 사이에 동해안을 끼고 좁고 긴 평지가 펼쳐져 있어요. 이곳이 바로 영동 지방입니다. 영동 지방과 영서 지방은 높고 험한 백두대간으로 가로막혀 같은 강원도인데도 서로 교류가 많지 않았어요. 심지어 지금도 왕래가 그리

편하지 않아요. 춘천, 원주 주민에게는 같은 강원도인 속초나 강릉보다 차라리 서울이 심리적으로 더 가까울 거예요.

그래서 영동 지방은 사실상 강릉을 중심으로 하는 또 다른 도나 다름없이 살아왔어요. 실제로 영동·영서 두 지방 사람들은 강원도라는 정체성보다는 영동·영서 정체성이 훨씬 강합니다. 삼국시대에도 영서 지방이 주로 고구려의 영향권 아래 있었던 반면, 영동 지방은 신라의 영향권에 있었어요.

서울에서 영동 지방으로 가려면 반드시 백두대간을 넘어야 합니다. 봉우리와 봉우리 사이의 낮은 곳을 고개라고 하는데, 워낙 산이 크고 험하다 보니 고개라고는 해도 다른 지역의 산꼭대기만큼 올라가야 하는 곳이 대부분이지요. 춘천 쪽에서 영동 지방의 속초, 양양으로 건너가려면 미시령(826m), 한계령(920m), 구룡령(1,013m)을 건너가야 하고, 원주 쪽에서 강릉으로 가려면 대관령(832m)을 넘어야 하지요.

이렇게 험한 고개를 넘으면 펼쳐지는 풍경은 매우 아름답습니다. 조선시대 선비들이 관동 지방의 경치를 예찬할 때 대부분이 바로 영동 지방일 정도지요. 이 지역의 특징적인 경치는 서쪽으로는 설악산, 오대산, 두타산 등 명산이 병풍처럼 펼쳐지고, 동쪽으로는 맑고 푸른 동해 바다가 펼쳐진 사이에 화진포호, 송지호, 영랑호, 청초호, 경포호 같은 넓은 호수가 자리 잡은 것입니다. 이 호수들은 주로 바닷가 모래가 강물의 흐름을 막아서 만들어진 석

바다와 호수가 어우러진 지형의 강릉 해안

호입니다.

예전에 서울에서 강릉으로 부임하는 벼슬아치들은 '대관령을 넘으면서 울고 넘고 나서 웃었다'라는 말이 전해집니다. 넘어가는 길이 험해서 울다가 넘어가고 나서 펼쳐지는 아름다운 경치 때문에 웃었다는 뜻이죠.

영동 지방의 중심도시는 강릉입니다. 강릉은 인구 21만 명 정도의 소도시에 불과하지만 영동 지방에서 그나마 도시랄 수 있는 속초시, 동해시, 삼척시 인구를 합친 것과 거의 맞먹어요. 그런데도 강릉은 한적한 느낌을 주지 않지요. 맞습니다. 엄청나게 많은 관광객이 찾아오기 때문이에요. 일 년간 강릉을 오가는 관광객은 무려 강릉 인구의 140배가 넘는 3,000만 명입니다. 제주 관광객이 연 2,000만 명, 경주 관광객이 연 4,000만 명 정도임을 고려하면

산과 계곡, 바다로 유명한 영동 지방의 해변도로

강릉이 우리나라에서 손꼽히는 관광도시라는 것을 알 수 있지요.

강릉 다음으로 큰 속초는 인구 8만여 명으로 도시 커트라인을 슬쩍 넘은 작은 도시예요. 원래 속초는 인접한 양양군과 함께 명태, 정어리, 오징어를 특산물로 하는 어업도시였죠. 이 지역에서 잡힌 명태는 겨우내 겨울바람을 맞게 해 얼었다 녹았다 반복하며 말리는데, 이렇게 만들어진 것이 바로 황태예요. 하지만 지금 속초와 양양은 어업도시가 아니라 관광도시입니다. 속초는 연 2,000만 명, 인구 2.7만 명인 양양군은 연 1,500만 명의 관광객을 맞이합니다. 속초는 대한민국 최고의 명산 설악산과 동해 바다를

관동팔경 중에서 으뜸으로 꼽힌다는 삼척 죽서루(위)와 케이팝밴드 BTS의 앨범 재킷 촬영 장소로도 유명한 영동 지방의 맹방 해변(아래)

모두 즐길 수 있는 도시이며, 양양은 이제 서핑 천국이라 불리고 있어요.

영동 지방은 우리나라에서 해수욕장이 가장 많은 곳이기도 해요. 이 지역 해수욕장의 특징은 물이 맑고 시원하며 백사장이 아주 잘 발달해 있다는 거예요. 휴전선이 가까운 화진포해수욕장에서부터 7번 국도를 따라 내려오면 송지호, 속초, 설악, 죽도, 남애, 낙산, 하조대, 경포, 연곡, 망상, 후진, 맹방, 장호, 용화 등 이름난 해수욕장이 줄줄이 이어집니다. 다들 백사장이 몇 킬로미터씩 펼쳐진 큰 해수욕장이에요. 조선시대 때 관동 지방의 절경을 대표하는 이른바 관동팔경도 모두 속초와 양양, 강릉과 삼척을 비롯해 영동 지방에 집중되어 있답니다.

9장

우리나라의 남쪽

호남 지방과 영남 지방

지역에 대한 올바른 이해가 어느 때보다 필요한 시기 아닐까?
많이 봐야 제대로 볼 수 있어.

호남 지방: 맛과 멋의 고장

선거만 하면 호남과 영남의 지역감정이 표를 가른다는 말이 나오는 지역들을 소개합니다. 도대체 이 지역들은 어디일까요? 우선 호남 지방은 광주광역시와 전라북도, 전라남도를 합하여 부르는 말입니다. 흔히 전라도 지방이라고도 하지만, 광주광역시가 전라북도, 전라남도에 속하지 않은 광역자치단체이기 때문에 정확한 명칭은 아니지요. 그리고 영남 지방은 부산, 대구, 울산 세 광역시와 경상남도, 경상북도를 일컫는 말이고요. 대개 이 두 지역을 한꺼번에 영호남이라고 부르지요.

호남 지방은 우리에게는 전라도 지방이라는 말로 더 익숙하지요. 실제로 전라라는 이름은 충청, 강원에 비해 훨씬 역사가 오래되

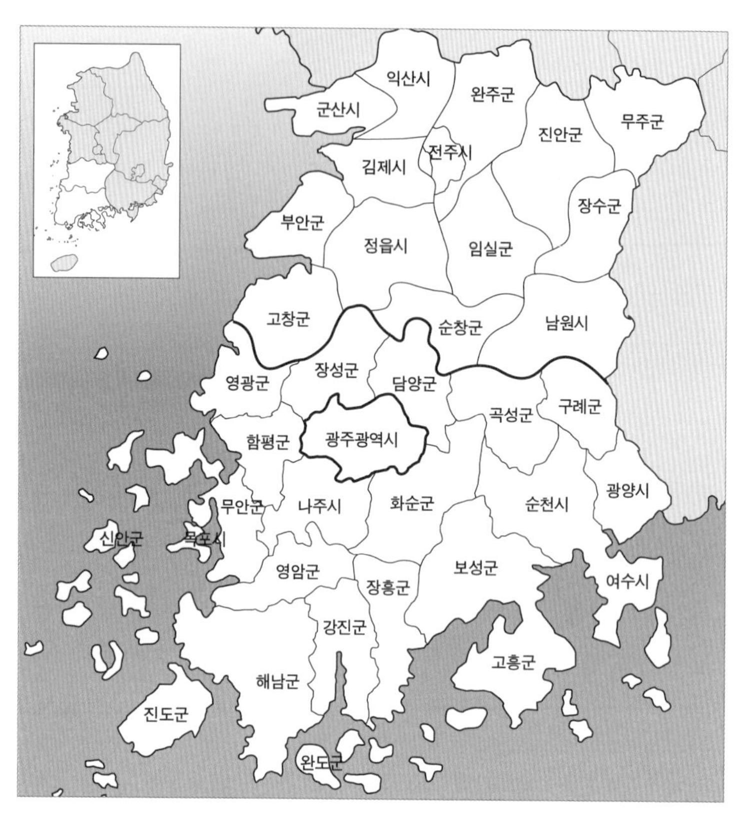

호남 지방의 위치와 그에 속한 행정구역: 광주광역시, 전라북도, 전라남도

어 고려 중기부터 널리 사용되어 왔어요. 다만 이 지역이 전라도라는 이름을 얻기 전에 호남이라는 이름이 널리 사용되었고, 전라도 이름을 얻은 후에도 호남이 널리 사용됐지요. 충청이라는 이름이 생긴 다음 호서라는 이름이 거의 사용되지 않은 것과 대조적입니다.

호남 이름의 유래에 대해서는 여러 가지 견해가 있어요.

1. 고려 초에는 금강 남쪽 지역을 강남도(江南道)라고 불렀는데, 이 중 특히 금강 상류를 호강(湖江)이라고 불러 여기서 유래되었다는 견해
2. 전라북도 김제시에 있는 저수지(인공호수)인 벽골지의 남쪽이라는 견해.

토지가 비옥하고 기후가 따뜻한 호남 지방은 수천 년 전부터 한반도의 노른자나 다름없는 곳이었어요. 그래서 2000년 전부터 이 지역은 우리 민족의 주요 무대였지요. 한민족, 한반도, 대한민국 등등 우리를 일컫는 단어 '한(韓)'이 남쪽에서 벼농사를 짓던 마한, 진한, 변한 세 나라에서 비롯되었다는 것은 다 알 거예요. 그런데 이 삼한 중 가장 강성해 한을 대표했던 나라가 바로 호남을 기반으로 하는 마한이었어요.

이 지역은 오늘날 전라북도, 전라남도의 경계가 아주 오래전부터 정해졌습니다. 통일신라시대 때는 9주 중 전주(전라북도), 무주(전라남도, 지금의 광주 지역), 고려 초기 10도 중 강남도(전라북도), 해양도(전라남도)가 그것입니다. 그러던 것이 고려 현종 때 행정구역이 5도 양계로 정리되면서 오늘날의 전라도가 되었지요. 전라도라는 이름은 강남도의 도읍인 전주와 해양도의 도읍인 나주에서 각각 한 글자씩 따온 거예요.

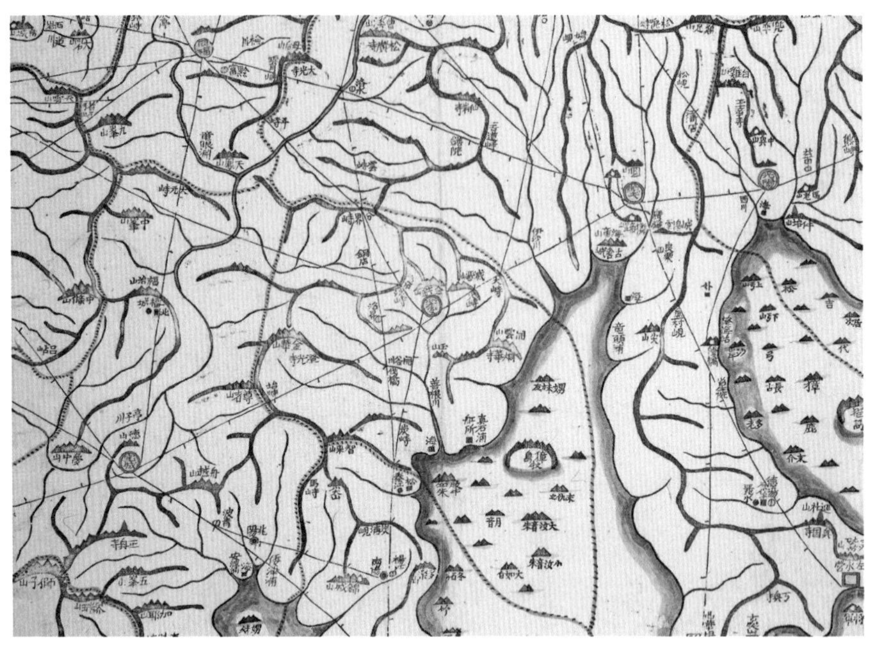

대동여지도(일부)
조선시대 호남 지방 중 광양, 여수, 순천, 보성 등 남해안 인근 지역 지도

호남 지방, 곡창지대라는 이름

호남 지방에 대해 말할 때 늘 따라붙는 말이 바로 '곡창'이지요. 호남 지방은 섬진강 일대를 제외하면 큰 산이 거의 없는 평야 지역이에요. 단지 평야일 뿐 아니라 토양도 비옥하고 기후도 따뜻한 땅입니다. 벼농사에 더없이 유리할 수밖에 없지요. 그래서 이 지역은 이미 2000년 전, 경상남도 김해 일대와 더불어 한반도에서 제일 먼저 벼농사를 짓기 시작했어요. 삼국시대 초반기에 이 지역

을 차지한 백제와 김해 일대를 차지한 가야가 먼저 앞서 나간 게 다 이유가 있습니다. 이후 이 지역은 우리나라 산업화가 시작된 1960년대 전까지 아주 긴 세월 동안 나라 경제의 기반이 되어왔습니다. 당연히 인구도 다른 지역보다 월등히 많았지요.

이렇게 농사가 잘되는 곳이다 보니 2000년 전부터 이 지역을 차지하기 위한 다툼이 치열했어요. 호남 지방을 차지하면 한반도에서 가장 강력한 나라가 될 수 있기 때문이었죠. 가령 후삼국시대 때 지도상으로는 고려보다 훨씬 영토가 작았던 견훤의 후백제가 인구와 경제력에서 오히려 고려를 능가했던 것도 바로 호남 지방을 차지하고 있었기 때문이지요.

하지만 농업 생산량이 많다는 것이 반드시 축복만은 아니었습니다. 이 지역을 기반으로 하는 나라가 전국을 통일한 적이 없기 때문이에요. 따라서 이 지역은 늘 다른 지역을 기반으로 하는 나라의 착취와 수탈의 대상이 되었습니다. 지배계층의 영지가 이 지역에 집중되었고, 농민들은 그만큼 더 가혹하게 수탈당해야 했습니다. 호남은 신라시대 때는 영남 지방에, 그리고 고려시대 이후로는 늘 경기 지방에 곡식과 각종 물산을 공급하는 역할을 담당했어요. 개경 혹은 한양에서 온 세곡선이 늘 드나들면서 이 지역에서 거둬들인 곡식과 특산물을 부지런히 실어 갔지요. 동학농민운동이 이 지역을 중심으로 폭발한 것도 우연이 아닐 것입니다.

일제강점기라고 예외는 아니었습니다. 일본은 산업혁명을 강하게 추진했고, 일본 본토가 산업화되면서 줄어든 곡식을 호남 지방을 통해 보충하려 했지요. 그리하여 이 지역의 많은 농토가 일본인 소유가 되었고, 농민들은 일본인 지주와 조선인 마름(앞잡이)의 이중착취에 시달렸습니다. 이렇게 수탈한 곡식은 군산항, 목포항을 통해 일본으로 반출되거나 호남선 철도를 통해 대륙을 침략 중이던 일본군에게 보급되었고요. 3·1운동 이후 가장 큰 규모의 항일운동인 소작쟁의(1920년대)와 광주학생운동(1929년)이 이 지역에서 폭발한 것도 역시 우연이 아닐 겁니다.

해방 이후에도 사정은 달라지지 않았습니다. 산업국가로 변신한 대한민국에서 이 지역은 저곡가 정책에 시달렸지요. 기업이 값싼 물건을 만들어 수출하려면 노동자의 임금을 억제해야 하고, 그러려면 도시 생활비를 낮춰야 했기 때문입니다. 생활비를 낮추기 위해 우선 쌀값이 저렴하게 유지되어야 했어요. 그러다 보니 곡식 농사를 아무리 부지런히 지어도 점점 더 가난에 빠지는 악순환이 계속됐지요. 결국 이 지역의 수많은 주민이 농사를 포기하고 수도권과 산업화가 진행되던 대한민국의 수도권과 동남권으로 이주했습니다. 그 결과 인구가 가장 많았던 이 지역은 가장 많은 인구가 유출된 지역이 되고 말았습니다. 현재 수도권 인구의 40퍼센트가 호남 지역 이주민이나 그 자손들입니다.

이렇게 이 지방은 좋은 환경에도 불구하고 오히려 오랫동안 소외당하고 억압받은 역사를 가지고 있어요. 그래서 민중저항도

일제강점기에 곡식과 물자 수탈의 통로로 쓰였던 군산항(위)과 목포항(아래)

많이 일어났고 아픈 기억도 많이 남아 있습니다. 한때 고려 태조 왕건의 유언인 「훈요십조」에서 이 지역 사람들을 등용하지 말라고 해서 차별이 시작되었다는 주장이 있었지만, 이건 사실이 아닙니다.

일단 해당 내용을 보면, 이는 「훈요십조」 중 여덟 번째인데, 옮겨보면 이렇습니다.

> 그 여덟 번째로 말하기를, 차현 이남 공주강 바깥은 산의 형태와 땅의 기세가 등지고 거슬러서 나란히 달려 나가니 인심 역시 그러하다. 그 밑에 있는 주군 사람들이 조정에 들어와 종친이나 외척과 혼인하여 국정을 잡게 되면 혹여 국가의 변란을 일으킬 수도, 혹여 통합당한 원한으로 임금을 시해하려는 난을 일으키기도 할 것이다. 관직에 올려 일을 맡겨서는 안 될 것이다.

그런데 여기서 말하는 차령 이남이 꼭 호남 지방을 말하는 것인지는 의심스럽습니다. 차령산맥(차현) 남쪽 공주강(금강) 바깥쪽이라면 호남 지방보다는 청주-공주 일대입니다. 이 일대를 경계하라고 유언에 남긴 것은 이 지역이 궁예의 세력 기반으로 왕건이 궁예를 몰아내고 고려를 세웠을 때 상당히 고생을 시켰기 때문입니다. 왕건이 옛 백제 영토 전체를 적대시해 차별했다는 것은 낭설에 불과합니다. 고려 왕실이 호남 지방을 차별했다면 현종이 거란 2차침입 때 나주까지 피난을 가지도 않았을 것입니다. 왕건의 대를 이은 혜종의 어머니가 전라도 출신이고, 왕건의 의형제 신숭겸이 전라도 출신이며, 「훈요십조」를 받아 적은 박술희도 충남 당진 출신입니다.

하지만 무슨 영문인지 조선시대에 호남 지방에 대한 차별적인 발언이 부쩍 늘어난 것도 사실입니다. 심지어 이중환은 『택리지』에서 이렇게 적기까지 했지요. 놀랍게도 이중환은 전라도를 한 번도 가보지 않았으면서도 이렇게 썼습니다.

> 전라도는 그 풍속이 음악과 여자, 재부와 사치를 숭상하고, 사람들이 약고 경박하며 바르지 못하고 아첨을 잘한다.

호남 지방은 이렇듯 오해, 편견, 그리고 억압과 착취에 오랜 시간 시달려왔지요. 그런데 이렇게 말하면 이 지역 분위기가 뭔가 억울하고 분노에 가득 차 있을 것 같지만, 막상 이 지역에서 사람들을 만나보면 그렇지 않습니다. 오랜 착취와 억압에 시달리긴 했지만 넓은 평야와 온화한 자연환경에서 살아온 사람들이라 전체적으로 낙관적이고 유쾌한 분위기가 남아 있는 곳이기도 합니다. 이중환의 저 악평을 다르게 해석할 수도 있어요. 유교적인 가치관에서는 부정적인 것이, 창조성을 높이 평가하는 오늘날 관점에서는 오히려 장점이 될 수도 있기 때문이지요. 저 말은 다르게 표현하면 고리타분한 규칙에 얽매이지 않고 자유롭고 탐미적이라는 말도 될 수 있기 때문이지요. 실제로 호남 지역은 아마도 우리나라에서 놀이문화와 음식문화가 가장 발달한 곳일 겁니다. 그래서 유명한 음식점이나 예술인, 특히 대중예술인 중에 그 뿌리를 밟아보면 이 지역 출신 비율이 다른 지역보다 훨씬 많아요.

19세기 말 〈기산풍속도첩〉의 판소리도
전라도는 동편제, 서편제 등 판소리의 고장이다.

호남 지방은 경기나 호서 지방보다 넓은 곳입니다. 역사도 오래되었고 인구도 많았던 곳이니만큼 호남이라는 단 한마디로 이 지역 사람과 경관을 일방적으로 규정하기 어렵지요. 따라서 호남 지방을 그 성격과 특성이 다른 몇 개 지역으로 구별해봅니다.

전주와 광주: 서로 다른 길을 가는 평야 지역

호남 지방에서 가장 넓은 면적을 차지하는 경관은 당연히 평야예요. 호남 지방의 3분의 2가 호남평야, 나주평야로 이루어져 있지요. 이론적으로는 만경강과 동진강 유역인 호남평야와 영산강 유역인 나주평야라고 말하지만, 둘이 눈에 띄게 구별되는 것은 아닙니다. 실제로는 충청남도의 논산평야에서부터 전라남도의 나주평야까지 수백 킬로미터 넘게 계속 평야가 이어지거든요.

이 지역은 삼국시대 이전부터 '한반도의 곡창'이라고 불렸지요. 산업사회 이전까지는 한반도의 부가 바로 여기에서 출발했습니다. 일제강점기에는 오늘날 여의도 증권시장에 해당하는 곳이 군산항에 있었습니다. 가장 중요한 상품인 쌀과 곡식을 두고 각종 선물(先物)시장이 형성되었기 때문이지요. 산업화 이전에는 인구도 우리나라에서 가장 많았습니다. 사람도 많고 곡식도 많다 보니 문화도 발달했고, 특히 음식문화가 발달해 우리나라 요리의 본고장이라 불리기도 했어요.

이 중 가장 오랫동안 이 지역의 중심도시로 군림한 곳이 바로 전주입니다. 전주는 호남평야의 중심부인 완산벌에 자리 잡은 도시로, 견훤이 후백제의 도읍으로 삼았고 이후에도 계속 전라도의 감영(도청소재지)이 자리 잡은 호남 수도였습니다. 전라도라는 이름이 처음 역사에 등장한 고려시내 이래, 전주는 거의 800년간 호남의 수도 역할을 담당했지요. 이중환의 『택리지』도 전주에 대해서만큼은 긍정적으로 평가했습니다. 전주가 조선왕실의 본관이라는 점도 작용했겠지요. 왕실의 고향이니 살기 어려운 곳이라도 좋게 바꾸어야 할 판인데, 원래부터 살기 좋은 곳이면 얼마나 더 좋게 바꾸었겠습니까?

그러나 해방 이후 전주는 호남의 수도라는 지위를 광주에게 내주고 말았습니다. 우리나라가 농업사회에서 산업사회로 전환하면서 농업 중심지였던 이 지역의 위상이 떨어진 것이지요. 젊은

전주한옥마을의 야경

이들이 일자리를 찾아 수도권으로 이주하면서 청년인구 역시 유출됐지요. 그동안 다른 호남 지역의 농어촌 인구가 유입되면서 그럭저럭 유지되던 인구도 2022년부터 줄어들기 시작했습니다. 이는 전주와 생활권을 함께하는 익산, 군산 역시 마찬가지로 직면하고 있는 문제예요.

그런데 전주, 군산 같은 도시들은 발전이 늦은 덕분에 오히려 관광지로 각광받고 있습니다. 수도권 주민들이 30~40년 전 풍경을 유지하고 있는 전주, 군산에서 색다른 정취를 경험하기 때문이지요. 전주는 한옥마을을 중심으로 전국에서 많은 관광객을 끌어모으고 있고, 군산은 일제강점기 풍경이 아직도 남아 있는 이국적인 분위기로 역시 다양한 관광객을 끌어모으고 있습니다. 하지만 이게 반가워해야 할 소식으로 보이지는 않습니다. 이런 관광산업만으로 인구 50만 이상의 대도시를 유지하는 것은 어렵거든요. 연 3,000~4,000만 관광객이 찾는 경주나 강릉 같은 도시도 인구가 20만 명대에 머무르고 있어요. 전주, 군산의 관광객은 이들 도시의 절반도 되지 않습니다. 다른 활로가 필요하지요.

반면 광주는 전주와 다른 길을 걸었습니다. 무엇보다도 자동차 공장을 비롯한 제조업 기반을 보유하고 있어 전주보다 인구유출 문제는 겪지 않았어요. 산업 기반도 있고, 호남 지역의 다른 도시에 비해 교통, 문화 인프라도 잘 갖춰져 있어 오히려 호남 지방의 다른 도시 인구를 흡수하는 블랙홀 역할을 했지요.

하지만 광주의 산업 기반은 호남 지역 밖에서 인구를 끌어올 정도의 산업 기반은 아니라 인구를 유지하는 정도일 뿐, 140만 명대를 크게 넘어가지는 못하고 있어요. 결국 다른 광역시들이 빠르게 성장하는 동안, 광주는 상대적으로 성장 속도가 늦어 후배들에게 계속 추월당하고 있는 실정입니다.

그런데도 광주는 호남 지역의 수도 같은 지위를 유지하고 있어요. 호남 지방 전체 인구가 500만 명 정도인데 그중 3분의 1 가까이 광주에 살고 있으며, 광주로 출퇴근하는 인구까지 감안하면 거의 40퍼센트라고 봐도 될 정도예요. 호남 지방에서 지하철이 다

광주광역시의 산업단지

니는 유일한 도시가 바로 광주입니다.

또한 광주는 1980년 5월 18일에 일어난 광주민주항쟁의 무대로 역사에 기록되고 있어요. 5·18항쟁은 1960년의 4·19혁명, 1987년의 6월민주항쟁과 더불어 우리나라 민주화에 큰 획을 긋는 사건이며 가장 많은 희생자를 남긴 사건이기도 합니다.

무진장 지역: 도대체 뭐가 무진장 많을까?

무주군, 진안군, 장수군 일대를 합쳐서 '무진장'이라고 합니다. 이 지역은 호남 지방 하면 떠오르는 전형적인 경관인 평야를 찾기 어려운 고원 지역이에요. 평지 고도가 이미 해발 300~500미터이며, 그 주변으로 덕유산, 백운산, 장안산, 운봉산 등 1,200~1,600미터에 이르는 산들이 병풍처럼 들어서 있지요. 겨울에는 눈이 많이 내리는데, 이렇게 내린 눈이 여름이 되는 시기까지 남아 있을 때도 있다고 해요. 그래서 이 지역을 '무진장 산 많고, 무진장 춥고, 무진장 눈 많다'라고 말하기도 했어요.

교통이 불편하고 농사짓기도 좋지 않아 이 지역은 우리나라의 대표적인 오지이며 호남 지역에서 인구가 가장 적은 지역이기도 해요. 하지만 이런 추운 날씨가 유리한 점도 있습니다. 서늘한 곳에서 자라는 배추, 무 같은 채소를 여름에 재배할 수 있거든요. 여름이라고 김치, 깍두기 수요가 줄어들지 않는데, 여름에는 이 지역과 강원도를 제외하면 배추, 무가 수확되는 곳이 없습니다. 따라서 고랭지 채소는 일반 채소보다 비싼 값에 판매할 수 있지요. 진안고원 일대는 고랭지 농업이 발달한 곳으로, 강원도 영서 지방과 더불어 우리나라 여름배추의 대부분을 책임지는 곳이었어요.

하지만 2000년대 들어 여름 기온이 높아지면서 해발 400미터 내외인 진안고원의 기온이 고랭지라고 보기 어려운 수준까지 올라갔고, 결국 재배 면적이 계속 줄어들고 있어요. 그래도 다른 지역보다는 시원한 곳이기 때문에 여름 피서지로는 여전히 인기가 높은 지역이에요. 특히 2000년대 이후 수도권에서 연결되는 교통편이 편리해졌지요. 원래 이 지역은 경상북도의 BYC(봉화, 영양, 청송) 지역과 더불어 우리나라에서 손꼽히는 오지였거든요. 그러나 대전-통영 고속도로, 새만금-포항 고속도로가 지나가면서 수도권에서 2시간 반이면 도착하는 가까운 곳으로 바뀌었어요.

영산강 하류와 다도해 지역: 강과 바다가 이어주는 통로

나주, 영광, 영암, 목포, 해남 일대는 광주-정읍-전주로 이어지는 호남의 중심 지역과 결이 좀 다른 지역이에요. 호남 지방의 넓은 평야에서 생산된 농산물이 바닷길로 나오는 통로였던 이 지역은 경상도 지방에서 바닷길을 통해 개성이나 한양으로 갈 때도 반드시 거쳐 가야 하는 곳이었지요. 특히 이 일대 바다는 해안선이 복잡하고 섬이 많은 다도해를 이루고 있어 해상 세력이 본거지를 만들기 좋은 곳이었습니다.

가령 유명한 장보고가 바로 이 일대에 본거지를 만들어 놓고 사실상 독립된 해상 세력으로 군림했지요. 후삼국시대 때도 후백제가 아니라 멀리 떨어진 다른 나라들과 제휴 관계를 맺는 등 상당히 독자적인 움직임을 보여준 곳입니다.

이 지역은 짧은 시간에 출렁거릴 정도로 많은 변화를 겪었습니다. 일제강점기에는 호남의 곡식을 일본으로 반출하는 통로로 활용되면서 간선철도인 호남선의 종착역 목포를 중심으로 크게 발전했지요. 그러나 해방 이후 우리나라 경제가 일본, 미국을 상대로 하는 공산품 수출 위주 산업으로 개편되면서 우리나라에서

목포 앞바다에 펼쳐진 다도해

가장 낙후된 지역으로 전락하기도 했어요. 그러다가 2000년대 들어 중국이 우리나라의 주요 무역상대국이 되면서 다시 중국을 상대로 하는 수출입 창구가 됐고, 각종 산업 시설이 들어서면서 경제가 활기를 되찾기도 했지요.

섬진강과 지리산 지역: 풍광이 아름다운 영호남의 경계

'전라도와 경상도를 가로지르는 섬진강 줄기 따라 화개장터엔'이라는 노래 가사가 있습니다. 이 노래처럼 섬진강 유역에는 경상도와 전라도가 다 섞여 있습니다. 그렇다고 섬진강이 영남과 호남 지방을 골고루 흘러가는 강은 아니에요. 섬진강이 흘러가는 지역은 대부분 호남 지방(임실, 남원, 구례, 곡성, 순천, 광양)이고 경상도에 속한 곳은 하동뿐이에요. 그래도 섬진강 유역은 호남 지방의 중심인 광주, 전주와 상당히 멀고 산맥으로 가로막혀 있어 이 유역만

호남 지방의 구례에서 내려다본 섬진강 일대

의 독특한 문화와 경관이 형성됐지요.

섬진강 유역은 다른 말로는 지리산 둘레라고 불러도 무방할 정도로 지리산을 중심으로 빙 둘러 있어 어디를 가더라도 지리산이 보여요. 지리산은 산세가 크고 높지만 험하지 않은 부드러운 산으로, 곳곳에 수량이 풍부한 계곡을 만들어 이 지역의 거대한 물 공급처 역할을 하고 있습니다. 이 물이 모여드는 섬진강은 다른 하천에 비해 개발이 많이 되지 않아 자연 하천의 모습을 그대로 간직하고 있어요. 2013년까지만 해도 섬진강은 우리나라 강물 중 유일하게 떠 마셔도 되는 1급 수질을 자랑했던 곳이죠. 지금은 그 정도까지는 아니지만 다른 큰 강과 비교하면 여전히 자연 상태

지리산에서 보이는 운해

에 가까운 모습을 유지하고 있어 어딜 가도 경관이 뛰어나고 평화롭습니다.

이 지역은 지리산이라는 명산이 든든하게 버텨주면서 물 맑은 섬진강이 펼쳐져 있고, 기후도 순하고 따뜻합니다. 한마디로 우리나라에서 자연환경이 가장 편안한 지역 중 하나이지요. 그래서 조선시대에는 손꼽히는 부유한 지역이었어요. 남명 조식을 비롯한 뛰어난 조선의 학자들이 많이 배출된 것도 생활이 비교적 여유로웠던 것과 관련 있을 것입니다. 지금도 섬진강 인근에 자리 잡은 여수, 순천, 광양을 제외하면 여전히 시간이 멈춘 듯 느리고 한적한 지역이지요.

영남 지방: 낙동강과 함께 성장한 지역

삼국을 통일한 나라가 신라라는 것은 다들 알고 있을 겁니다. 그런데 신라에 해당하는 지역이 바로 이곳이에요. 부산광역시, 대구광역시, 울산광역시와 경상북도, 경상남도를 통틀어 영남 지방이라고 부릅니다. 그 범위가 매우 넓어 호서 지방과 호남 지방을 합친 것보다 크고, 인구 또한 많아 우리나라의 3분의 1 정도가 이 지역에 거주해서 경기 지방 다음으로 많습니다.

호남 지방과 마찬가지로 이 지역도 경상남도, 경상북도가 면적 대부분을 차지하며, 고려시대에 이미 경상도라는 이름으로 불렸기에 보통 경상도 지방이라고 많이 부릅니다. 또 호남 지방이라는 이름이 전라도 지방 못지않게 자주 사용되는 것과 마찬가지로 영남 지방이라는 이름 역시 경상도 지방 못지않게 많이 사용됩니다. 사실 어떻게 불러도 의미가 크게 다르지 않아요.

전라도가 이전에 호강 남쪽이란 의미의 강남도라 불렸고 여기서 호남 지방이 유래된 것처럼, 경상도는 고려 초 영남도라는 이름으로 불렸고 여기서 영남이 유래됐지요. 여기서 영남이란 고개 남쪽이란 뜻인데, 고려 도성인 개경에서 이 지역으로 가려면 조령(문경새재)이나 죽령, 추풍령 등 어떻게든 고개를 넘어 남쪽으로 넘어가야 했기 때문에 붙은 이름입니다. 그리고 경주와 상주 이 두 도시의 머리글자를 따서 경상도라는 이름이 되었지요.

호남 지방처럼 이 지역도 우리나라에서 가장 먼저 벼농사가

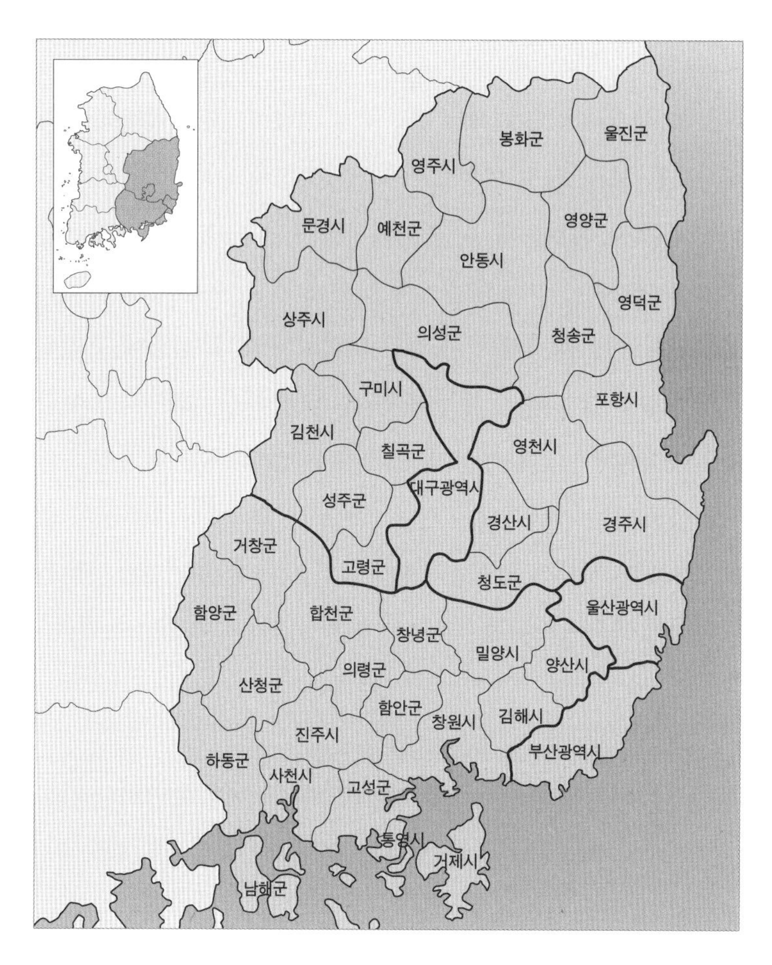

영남 지방과 그에 속한 행정구역: 부산광역시, 대구광역시, 울산광역시, 경상북도, 경상남도

이루어진 지역 중 하나로, 삼국시대 이전에 이미 진한과 변한이라는 나라가 존재해 한국이라는 이름의 기원이 된 지역입니다. 이후 이 지역을 기반으로 하는 신라가 삼국을 통일하면서 수백 년간 우리나라의 중심부 역할을 했지요.

서울이라는 말도 원래는 경주의 옛 이름이었던 서라벌에서 비롯됐다는 사실, 알고 있지요? 서라벌은 지역에 따라 서나벌, 서야벌, 서벌로 불렸는데, 이 지역에서는 ㅓ를 ㅡ에 가깝게 발음하기 때문에 서블, 이렇게 발음했고 이게 결국 서울이 됐습니다. 1000년이란 긴 시간 동안 신라가 이어지다 보니 "나라에 큰일이 있어 서블에 간다"라는 식의 표현처럼 나중에는 고유명사가 아니라 수도를 뜻하는 일반명사가 되어버린 것이죠. 물론 백제의 수도 사비성의 다른 이름이 소부였다는 설도 있습니다만 사비성이 백제 수도였던 시간은 경주보다 훨씬 짧은 데다 백제는 결국 패배한 나라이기 때문에 서라벌이 서울이 되었을 가능성이 훨씬 큽니다.

영남 지방, 독자적인 지형과 문화

영남 지방은 다른 어느 지방보다 지형적으로 고립되어 있어요. 북쪽과 서쪽으로는 높고 험한 백두대간이 한반도의 다른 지역과 갈라놓았고, 동쪽과 남쪽은 동해 바다입니다. 이 지역을 다른 지역과 차단하고 있는 태백산, 소백산, 월악산, 속리산, 덕유산, 지리산 등은 그야말로 우리나라에서 손꼽히는 명산들이죠. 몇몇 고개를 제외하면 넘어 다니는 게 쉽지 않았는데, 충북 영동과 경북 김천 경계에 있는 추풍령을 제외하면 고개라고 해도 높이가 웬만한 산 정상에 버금가기 때문에 쉽사리 넘나들 수 있는 곳이 아닙니다. 그래서 고구려와 백제가 서로 패권을 다투던 시절, 신라는 여기서 한 발 벗어나 있었어요. 고려시대, 조선시대에도 중앙 조정과 결을 달리하는 지역 세력의 영향력이 강했습니다.

그런데 영남 지방은 산맥으로 다른 지역과 차단된 대신 영남 안에서는 서로 잘 연결됐습니다. 이 지역의 강이란 강이 모두 낙동강으로 흘러가기 때문이지요. 낙동강은 압록강, 두만강에 이어 한반도에서 세 번째로 긴 강(즉, 대한민국에서 제일 긴 강)입니다. 강원도 태백에서 발원한다는데, 백두대간과 낙동정맥이 갈라지는 부근에서부터 흘러내린다고 봐야 합니다. 낙동강은 동쪽에서 발원하여 서쪽을 향해 달리다가 다시 남쪽으로 달리고, 마지막에는 다시 동쪽으로 흘러갑니다. 이렇게 영남 지방을 온통 휘휘 서은 뒤 부산 앞바다로 빠져나가는데, 나가기 전에 드넓은 삼각주를 펼쳐 놓고 갑니다. 그곳이 바로 김해평야예요.

강원도 태백에서 발원해 영남 지방을 관통하는 낙동강

그런데 이 지역에 흐르는 크고 작은 하천은 동해안 지역을 제외하면 모두 낙동강을 향해 흘러가요. 동해안을 제외한 이 지역 대부분이 낙동강 유역이라고 해도 될 정도예요. 그중에는 황강, 금호강, 밀양강, 남강 같은 제법 큰 강도 있어요.

근대 교통수단 이전에는 강물을 이용한 내륙 수로가 가장 좋은 이동 수단이었습니다. 따라서 영남 지방은 다른 지역보다 더 촘촘한 국도와 고속도로 네트워크를 가지고 있었던 셈이죠. 덕분에 이 지역은 지역 내에서는 동질성이 강하지만 다른 지역에 대해서는 조금 배타적이고 고립적인 역사를 가지고 있어요.

이 지역은 유교의 영향력이 강합니다. 그런데 고립된 지역적 특성 때문인지 나름의 성리학 원리원칙에 충실한 고집스럽고 깐깐한 유형의 선비들을 많이 배출했지요. 그래서 관료보다는 학자를 많이 배출했으며, 서원과 사림의 본고장이 되었습니다. 과거급제자가 다른 어떤 지역보다 많은데도 당상관(정3품 이상의 품계 혹은 벼슬) 이상 승진한 고위 관료의 숫자가 기호(경기, 호서) 지방보다 훨씬 적은 현상이 이 모든 것을 설명해줍니다.

그 결과 영남 지방은 조선 후기에 이어 일제강점기에 이르기까지 꼬장꼬장한 비판 세력의 본거지 역할을 해왔어요. 일제강점기에 독립운동가를 가장 많이 배출한 지역도 영남 지방입니다. 하지만 이런 지역의 특성은 때로 사회 분위기를 지나치게 보수적이고 완고하게 만들기도 합니다.

우리나라가 산업화되고 수출 위주 경제가 발전하기 시작한 1960년대 이후 이 지역은 큰 변화를 겪었습니다. 먼저 수출에 유리한 입지를 가진 영남 남동해안 지방에 각종 공장과 산업단지가 들어서면서 인구가 늘어나고 빠르게 발전했지요. 동남해안 지방에는 경상북도 포항시에서 시작해 해안가를 따라 울산, 양산, 부산, 김해, 창원까지 마치 벨트같이 대도시와 산업단지가 이어지고 있어 우리나라에서 수도권 다음으로 규모가 큰 거대도시권을 형성하고 있습니다. 또 한국전쟁 때 내려온 피난민의 유입으로 인구가 크게 늘어난 대구를 중심으로 경상북도 구미까지 내륙공업지대가 형성되어 있어요. 그런데 이 두 지역을 제외하면 발전이 매우 늦은 편입니다.

영남 지방은 호서와 호남 지방을 합친 것 정도 되는 매우 넓은 지역이기 때문에 그 안에서 특성이 다른 여러 지역이 나름대로 형성되어 있고, 저마다 다른 경관을 보여주지요. 영남 지방은 크게 낙동강 유역과 낙동강과 산맥으로 분리된 동해안 지방이 다릅니다. 또 낙동강 유역도 분지가 발달한 상류, 중류와 드넓은 삼각주 평야가 펼쳐진 하류가 다르고요.

낙동강 상류 지역: 서원과 선비의 고장

영양, 봉화, 청송, 안동, 영주, 예천 등이 자리 잡은 낙동강 상류 지방은 안동과 영주를 제외하면 우리나라에서 손꼽히는 산골이에요. 이 중에서 특히 봉화, 영양, 청송은 'BYC'라 불리는데, 호남 지방의 무진장 지역과 쌍벽을 이루는 산골 오지의 대명사나 다

영주의 소수서원
2019년 한국 서원 중 하나로 유네스코 세계문화유산에 등재됐다.

름없는 곳이지요. 물론 그런 만큼 아직 때 묻지 않은 아름다운 자연경관을 즐길 수 있는 곳이고요.

안동, 영주, 예천은 낙동강이 중류로 접어드는 경계에 있는 지역으로 BYC에 비하면 조건이 한결 나은 곳이에요. 이미 여기쯤 지나면 낙동강 수량이 제법 늘어나 웬만한 강 하류에 버금가고, 넓지는 않아도 농사짓기에는 부족하지 않은 분지 평야가 발달해 있기 때문이죠. 그렇다고 해도 호서나 호남 지방 같은 드넓은 평야는 아니라서 부유하지는 않았습니다. 그래서인지 몰라도 조선시대에 이 지역은 삼가고 절제하며 사는 사람들의 고장, 즉 선비의 고장으로 널리 알려졌지요. 소수서원, 도산서원, 병산서원 등 이름난 서원도 많습니다.

안동의 도산서원
최근에는 선비문화 체험 프로그램도 활발하다.

그러나 산업화에 뒤처지고 수도권과 교통이 불편해 계속 인구유출과 고령화에 시달리며 이 지역은 지방소멸 위기 지역으로 손꼽히고 있어요. 이 지역에서 가장 큰 도시라는 안동의 인구가 15만여 명에 불과해요. 하지만 2021년 KTX가 개통되어 5시간 걸리던 서울-안동이 2시간으로 단축되면서 이 지역에 많이 남아 있는 전통사회의 흔적과 즐비한 문화재를 관람하기 위해 관광객 유입이 늘어나고 있어요.

낙동강 중류 지역: 한때 경상도의 중심 지역

이 지역은 경상북도 상주, 군위, 칠곡, 구미, 경산, 영천, 그리고 대구광역시를 포괄하는 지역으로 오랜 세월 영남 지방의 노른

1950년 한국전쟁 당시 대구역 근처 군인들의 모습

자위 노릇을 해왔던 곳이에요. 이 중 상주는 낙동강의 풍부한 수량과 넓은 평야를 바탕으로 이 지역의 중심도시 노릇을 해왔고, 조선시대 경상도의 감영이 있었던 곳이죠.

경부선 철도가 상주 일대를 비껴가면서 모든 것이 달라졌습니다. 대구가 이 지역의 중심이 되었고, 산업화 이후에는 대구를 중심으로 구미, 경산, 영천 일대에 인구와 인프라가 집중되었지요. 상주시는 현재 인구가 9만 명 정도인 작은 도시가 되었습니다.

대구는 한국전쟁 때 폭발적으로 늘어난 인구를 바탕으로 노동집약적 산업단지가 들어서면서 급속도로 발전했고, 서울, 부산에 이어 우리나라 제3의 도시로 군림했습니다. 그러나 2000년대 이후 대구 역시 우리나라의 산업이 첨단기술공업 중심으로 바뀌고,

노동집약적 산업단지가 중국이나 동남아시아로 떠나면서 발전이 정체되고 인구가 계속 줄어들어 인천에 넘버3 자리를 내주고 네 번째 도시로 주저앉았습니다.

낙동강 하류 지역: 평야에서 거대도시권으로

낙동강 하류 지역은 서쪽과 동쪽이 다릅니다. 서쪽으로는 지리산, 덕유산, 가야산 등 큰 산이 자리하고 동쪽으로는 넓고 비옥한 김해평야가 펼쳐져 있지요. 당연히 김해평야 쪽으로 인구가 집중되어 있고요. 낙동강이 남해로 빠져나가는 출구에는 우리나라 제2의 도시인 부산광역시가 자리 잡고 있지요. 1700여 년 전 가야가 번성했던 곳이 바로 낙동강 하류 지역입니다. 이 지역은 조선시대까지는 호남평야 일대와 더불어 우리나라의 주요 곡창이었지만 오늘날에는 산업단지와 여기 출퇴근하는 노동자와 가족을 위한 주거 시설이 들어서 있지요. 심지어 김해평야의 핵심이라 할 수 있는 낙동강 삼각주도 일부 지역은 공항으로 사용되고 있어요.

김해평야라는 이름에서 알 수 있듯이, 원래 이 지역은 대부분 김해에 속했어요. 하지만 그중 대부분이 오늘날 부산광역시로 넘어가고 경상남도 김해시로 남은 부분은 얼마 되지 않아요. 부산광역시는 우리나라 제2의 도시이자 가장 큰 항구예요. 부산을 중심으로 동쪽으로는 양산, 서쪽으로는 김해와 창원까지 사실상 하나의 거대도시권을 이루고 있지요.

제2의 도시이자 가장 큰 항구인 부산항

이 거대도시권은 우리나라 경제가 일본, 미국과의 무역에 절대적으로 의존하던 시절에 수도권 못지않은 중요한 지역으로, 일자리를 찾아 전국 각지에서 온 많은 사람들로 순식간에 인구가 팽창한 지역입니다. 당시 우리나라 경제는 원료와 부품을 수입해서 조립해 수출하는 가공무역에 의존하고 있었지요. 따라서 수입해 온 원료와 부품을 내린 바로 그 자리에서 가공하는 공장을 세우는 것이 유리했습니다. 수많은 공장이 부산-마산 사이에 세워졌고, 공장만큼 많은 사람들이 일자리를 찾아 몰려왔지요.

2000년대 이후 우리나라 주요 무역 상대가 중국, 동남아시아 쪽으로 바뀌고 주요 수출품도 가공무역에서 첨단기술 제품으로

낙동강 하류에 위치한 부산 을숙도 철새도래지

바뀌면서 이 지역의 경제는 점점 위축되기 시작했어요. 산업의 중심이 서해안 쪽과 수도권으로 넘어간 것입니다. 이제 부산은 수출 물동량이 인천항과 평택항 쪽으로 많이 넘어가면서 제2의 도시 지위도 위태롭습니다. 하지만 부산은 우리나라 남쪽 끝에 자리잡은 큰 항구도시이며, 근대화 이후 계속 우리나라의 입구 역할을 했던 오랜 역사의 흔적, 그리고 아름다운 남해 바다의 경관 등 관광 자원이 많아 관광도시로 또 다른 매력을 뽐내고 있습니다.

한편 이 지역에서는 낙동강 하류 지역의 무분별한 개발을 우려하는 목소리도 높아지고 있어요. 김해평야 지역은 예로부터 녹지가 많이 발달하고 철새가 많이 찾아오는 환경의 보고였기 때문이지요. 비록 개발로 많이 훼손되기는 했지만, 아직 남아 있는 곳이라도 보전해야 한다는 운동이 서서히 일어나고 있습니다. 낙동강 하구의 대규모 철새도래지인 을숙도 위를 지나가는 을숙도대교가 시민과 환경단체의 격렬한 반대 때문에 우회하도록 설계 변경된 사례가 앞으로의 변화를 보여주지요. 하지만 여전히 개발 수요가 높아 이 일대의 보전은 생각처럼 쉬운 일이 아닙니다.

경주와 영남 동해안: 거대 공업도시 사이에 자리한 천년고도

강원도가 산맥을 경계로 영서와 영동으로 나뉘듯이, 영남 지방도 산맥을 경계로 동해안 지방과 서쪽 지방이 분리됩니다. 다만 강원도를 가르는 산맥이 험준한 백두대간인 데 비해 영남 지방을 가르는 산맥은 그보다는 낮은 낙동정맥이라서 영동-영서보다는 이동이 많은 편입니다. 영남 동해안 지방 중에서 경상북도 울진군, 영덕군 일대는 영남 지방보다는 영동 지방에 더 가까운 경관을 보여줍니다. 실제로 울진군은 과거 강원도에 속해 있었고요.

그 아래 포항이나 영남 남동해안 지방은 중공업 산업단지가 들어서 있는 곳입니다. 우리나라의 대표적인 공업도시인 포항과 울산이 이 지역을 대표합니다. 포항에는 제철소가, 울산에는 조선소, 자동차공장, 정유공장이 들어서 있어요. 포항과 울산 모두 한적한 어촌에 불과했지만, 공장이 들어서면서 순식간에 인구가 늘

천년고도 경주의 고요함

어나 대략 포항은 인구 50만, 울산은 인구 110만의 대도시가 되어 울산광역시가 되었지요.

그런데 이 두 대규모 공업도시 사이에 시간이 멈춘 듯한 천년 고도 경주가 자리 잡은 것이 묘한 대조를 이룹니다. 경주는 인구가 약 24만 명에 불과하지만 해마다 4,000만 명 정도의 관광객이 찾는 우리나라를 대표하는 관광도시 중 하나예요. 땅만 파면 유적이 나온다는 말이 나올 정도로 무수한 문화재를 간직하고 있고, 유적지를 중심으로 공원이 잘 조성되어 있습니다. 특히 주변 대도시인 포항, 울산이 인구에 비해 공원과 관광지가 부족한 편이라 주말만 되면 두 도시에서 몰려온 나들이객과 전국 각지에서 찾아온 관광객으로 도시가 가득 찹니다.

영남 남해안 지역: 섬을 품은 바다와 항구

경남 창원 서쪽에서부터 전남 광양 사이의 남해안 지역은 섬이 많고 해안선이 복잡한 리아스식 해안입니다. 이 중 큰 섬인 거제도와 남해도는 다리로 육지와 연결되어 있지만 여전히 배를 타고 가야 하는 섬들이 많이 남아 있지요.

거제도는 우리나라에서 제주도 다음으로 큰 섬이에요. 섬 전체가 거제시로 지정되어 있는데, 우리나라 조선산업의 중심지입니다. 우리나라가 세계 조선산업에서 차지하는 위치를 고려하면 세계 조선산업의 중심지라 불러도 될 정도예요. 섬 북쪽에는 삼

경남 남해도 금산에서 바라본 다도해(위), 다도해의 허브 통영항(아래)

성조선소, 남쪽에는 대우조선소가 자리 잡고 있고, 여기서 일하는 노동자와 그 가족만으로도 인구 23만 명이 채워집니다.

거제도는 조선소 말고도 매미성, 바람의 언덕, 해금강 등 남해안의 아름다운 경관을 즐길 수 있는 관광명소도 많아요. 한려해상국립공원이 거제도에서부터 시작됩니다. 또 거가대교를 통해 부산과도 사실상 연결되어 있어 시내버스까지 다닐 정도지요. 그 결과 거제시는 연간 700만 명의 관광객이 방문하는 관광도시로도 성장하고 있어요.

남해도는 거제도와 달리 산업 시설이 거의 없는 한적한 섬입니다. 금산, 상주해변, 다랭이논, 독일마을 등 매력 있는 관광명소가 많고, 해안도로를 따라 달리기 좋은 섬이지요. 해마다 600만 명 안팎의 관광객이 방문하는데, 인구가 5만 명도 안 되는 곳이니 주민보다 관광객이 더 많은 곳입니다.

거제도와 남해도 사이에는 통영시가 있지요. 남해안의 수많은 섬을 연결하는 배가 출발하는 허브가 바로 통영입니다. 또 통영은 이순신 장군의 유적이 많은 곳이지요. 통영이라는 이름 자체가 수군통제영에서 왔고, 통영 앞바다가 바로 한산대첩의 무대이며 바로 건너 보이는 섬이 한산도입니다. 또 통영은 우리나라가 배출한 세계적인 작곡가 윤이상을 기념하는 국제음악제가 열리는 곳이에요. 이 행사는 우리나라에서 가장 음향이 뛰어난 클래식 공연장에서 세계적인 명연주자들이 참가하는 수준 높은 음악제입니다.

우리나라의 대표 섬

제주도

제주도는 그저 아름다운 관광지이기만 할까?
그 밑의 문화와 역사까지 볼 때 제대로 그 진면목이 보이겠지.

제주도, 특별한 섬 문화와 역사

제주는 우리나라 최초의 특별자치도입니다. 특별자치도는 광역시를 배출하지 않은 도에 고도의 자치권을 부여해 지역을 개발하기 위해 지정하는 것이지요. 현재 경기도, 충청남도, 충청북도, 전라남도, 경상남도, 경상북도는 모두 제 영역 안에 광역시나 특별시가 있어요. 그래서 전라북도, 강원도, 제주도가 발전에서 소외되는 경향이 있어 먼저 제주도, 그리고 2023년에 강원도가 지정됐고, 2024년에는 전라북도가 특별자치도로 지정될 예정입니다. 제주도는 도로서는 우리나라에서 가장 작고, 섬으로서는 가장 큰 곳이지요.

제주도의 옛 이름은 탐라예요. 원래 제주도는 세 부족의 후손들이 살고 있었다고 해요. 이들이 각각 고씨, 양씨, 부씨가 되었는데 이 중 고씨가 가장 세력이 컸다지요.

고려 이전까지 제주도는 탐라국이라는 이름의 나라였어요. 세 성씨 중 고씨가 통치했다고 해요. 형식적으로는 신라와 주종관계를 맺었지만 실제로는 먼바다 너머에 있어 사실상 독립국가나 다름없었어요. 그러다 1105년, 고려 숙종 때 탐라국이 폐지되고 왕의 호칭도 폐지된 뒤 탐라군이 되어 고려 영토에 합병되었고, 고려 고종 때는 이름도 제주로 바뀌었지요.

몽골간섭기에는 몽골 영토가 되어 황실 목장으로 사용되었지요. 몽골 사람들은 제주를 탐라총관부라고 불렀습니다. 독특한 제주도 방언의 역사에는 이 시기 몽골의 영향도 있을 거예요. 100년가량 몽골 지배를 받았던 제주도는 1374년에 공민왕이 몽골 세력을 몰아내면서 다시 고려 영토로 돌아왔어요. 이때 제주라는 이름이 확정됐습니다. 이후 계속 전라남도에 속해 있다가 1946년에 도로 승격해 전라남도에서 분리되었지요.

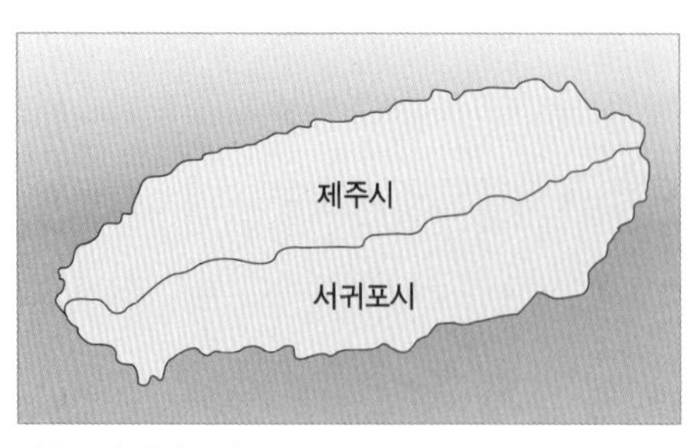

제주도의 행정구역

제주도만이 가진 것

특징 1. 우리나라의 최남단

제주도는 우리나라 영토 중 제일 남쪽에 있어요. 특히 육지의 제일 남쪽인 전라남도에서 다시 남쪽으로 112킬로미터 더 내려가 있어 우리나라의 다른 지역과 기후가 전혀 다릅니다. 제주도는 1월 평균기온이 6도를 넘어요. 보통 온대 기후와 아열대 기후 중간쯤에 위치하는 난대 기후라고 하는데, 3월이나 11월에도 낮 기온이 20도를 넘나드는 날이 많아 사실상 아열대 기후나 다름없지요. 다만 제주도는 바람이 많이 불고 섬 전체가 한라산이나 다름없어 높은 곳으로 올라가면 의외로 추운 기후를 보여주는 곳도 적지 않습니다.

특징 2. 육지에서 멀리 떨어진 섬

제주도는 우리나라 섬 중 몇 안 되는 섬다운 섬입니다. 이는 육지에서 멀리 떨어져 있어 교류가 매우 어려워 독자적인 생활권을 이루는 그런 섬을 말해요. 더구나 제주도는 서울 면적의 세 배나 되는 큰 섬이라 육지와 교류하지 않고 독자적으로 살아온 역사가 긴 섬이지요. 따라서 제주도는 우리나라이면서도 외국 같은 그런 느낌을 주는 곳이에요. 말도 다르고 풍속과 풍경도 다릅니다. 특히 제주 방언은 한국어, 몽골어, 일본어의 영향이 고루고루 섞여 있어 거의 외국어처럼 들리기도 해요. 오늘날에는 항공편이 늘어나고 육지와의 교류도 늘어나서 그 정도로 다르지는 않지요. 오히려 젊은 세대가 조부모 세대가 사용하는 제주 방언을 알아듣지 못하는 경우가 늘어나고 있어요.

특징 3. 화산섬

제주도는 화산섬입니다. 우리나라에 이렇게 큰 화산이 없기 때문에 제주도는 육지에서는 보기 어려운 갖가지 신기한 화산 지형이 있습니다. 우선 용암이 굳어지면서 만들어진 현무암이 많지요. 제주도를 일컫는 말 중에 삼다도라는 말이 있습니다. 돌, 바람, 여자 세 가지가 많다는 뜻입니다. 이 중 많다고 하는 돌이 바로 현무암입니다. 현무암은 물을 품기 쉬운 구조를 가지고 있어 제주도는 비가 많이 내리는 지역인데도 강물이나 냇물을 보기 어렵지요. 그 많은 물이 다 땅

18세기 제주도 기록화첩 〈탐라순력도〉
말을 진상하는 장면

제주 용머리해안

속에 고여 있는 것입니다. 이렇게 고여 있는 물이 육지가 끝나는 해안가에서 갑자기 솟아나서 샘이나 폭포를 이뤄요.

물이 흐르지 않다 보니 제주도에는 강 하류에 흙이 쌓여 만들어지는 충적평야를 찾기 어렵고, 땅을 조금만 파도 현무암이 드러납니다. 농사짓기에 적합한 땅도 아닙니다. 그래서 우리나라에서 도시를 벗어나면 어디서나 볼 수 있는 논이 거의 보이지 않지요. 논이 없다는 것은 제주도 풍경이 이국적으로 보이는 중요한 까닭 중 하나일 겁니다.

제주도를 만든 화산 폭발의 가장 중요한 흔적은 한라산의 분화구인 백록담인데, 이 폭발이 한 번으로 끝난 것이 아니라 여러 차례 크고 작은 폭발, 용암 유출 등으로 이어졌지요. 이 때문에 한

화산 지형으로 독특한 아름다움을 갖춘 제주도 풍경

라산 말고도 크고 작은 분화구와 화산이 곳곳에 자리 잡고 있어요. 성산일출봉같이 규모가 큰 분화구도 있지만 작은 언덕 규모의 기생화산이 대부분이지요. 한라산 이외의 이들 작은 화산을 오름이라고 부릅니다. 제주도에는 360여 개가 넘는 오름이 있습니다. 저 멀리 한라산이 보이고 그 사이사이에 둥글둥글한 오름이 솟아 있는 제주도의 전형적인 풍경은 화산섬이기에 비롯된 것입니다.

특징 4. 아픈 역사

제주도는 한반도에서 멀리 떨어져 있지만 그렇다고 도달할 수 없을 만큼 먼 것도 아니라 종종 한반도에서 일어나는 정치적 분쟁에 휘말려 많은 희생자를 내곤 했습니다.

고려말에는 삼별초항쟁에 휘말렸습니다. 삼별초는 표면적으로는 몽골의 침입에 끝까지 항쟁한다고 했지만, 실제로는 기득권을 놓치지 않으려는 무신정권의 마지막 저항이기도 했지요. 고려와 몽골 연합군에게 본거지 진도를 상실한 수천 명의 삼별초가 김통정의 지휘 아래 제주도에 상륙했습니다. 그러나 곧 여몽연합군 수천 명이 상륙해 제주도 함덕 일대에서 치열한 전투가 벌어졌고, 여기서 삼별초는 최후를 맞이합니다. 이후 몽골은 제주도에 다루가치(몽골제국이 점령지에 파견한 원정감독관)를 파견해 직접 통치하며 일본원정의 거점으로 삼았지요. 섬의 주민들은 수십 년간 육지 세력의 싸움에 엮여 온갖 고초를 겪어야 했습니다.

제주도 항몽 유적지에 전시된 삼별초항쟁 기록화(일부)

일제강점기에는 중국과 일본 사이에 있다는 전략적 위치 때문에 요새화가 진행되었고, 미군의 대규모 상륙에 맞서는 결전장의 운명이 되었습니다. 만약 태평양전쟁이 더 늦게 끝났다면 제주도민은 오키나와 섬의 주민처럼 영문도 모르고 대규모 전투에 휘말려 목숨을 잃어야 했을 것입니다.

하지만 해방 이후에도 제주도는 육지의 좌우분열과 갈등의 불똥이 튀면서 큰 희생을 치러야 했습니다. 바로 1947년부터 무려 4년간 자행된 4·3사건입니다. 육지에서 상륙한 군경, 그리고 서북청년단 등 우익단체에 의해 자행된 이 학살로 확인된 사망자만

1만여 명, 추정되는 사망자는 5만여 명이 넘는 참극이 일어났습니다. 당시 제주도 인구가 20만 명도 안 되던 시절의 일입니다. 육지에 사는 사람들은 제주도를 그저 관광지로만 생각하지 말고 이런 아픔까지 공감할 필요가 있겠지요.

제주도는 한라산을 경계로 제주시, 서귀포시 두 개의 기초자치단체만 있습니다. 그리고 곳곳의 산간과 산록(산의 비탈과 평지의 경계에 해당하는 곳) 지역은 저마다 다른 경관을 보여줍니다.

제주시: 제주도의 중심

제주도의 도청이 있는 곳입니다. 북쪽으로 남해 바다를 마주하고 있지요. 겨울이면 한반도 쪽에서 차가운 북서계절풍이 불어와서 제주도치고는 의외로 쌀쌀한 날씨를 보여주지요. 바람도 많이 불어 제주도를 바람이 많이 부는 섬이라고 할 때 바로 그곳입니다. 그래서 제주국제공항은 윈드시어(wind shear, 바람의 방향이나 세기가 갑자기 바뀌는 현상)가 잦아 착륙하기 어려운 공항으로 손꼽히고, 해안에는 거센 파도가 현무암을 깎아서 만들어진 기묘한 바위가 많습니다. 제주시에서 서쪽으로 애월-한림까지 이어지는 해안도로는 바닷가의 바위와 절벽을 보며 지나갈 수 있어 우리나라에서 손꼽히는 멋진 드라이브 코스이지요. 제주에서 동쪽으로는 에메랄드빛 바다로 유명한 함덕해수욕장과 유네스코 세계자연유산으로 지정된 만장굴, 거문오름 그리고 성산일출봉이 있어요.

서귀포시: 우리나라에서 가장 따뜻한 도시

같은 제주도이지만 제주시보다 훨씬 온화합니다. 그 차이는 한라산이 북서계절풍을 막아주기 때문에 겨울에 더욱 크지요. 제주도 기후를 난대 기후라고 하지만 남제주만 따로 떼어서 본다면 완전한 아열대 기후로 오키나와, 타이베이 등과 큰 차이가 나지 않아요. 당연히 열대 지방을 방불케 하는 제주도의 이국적인 풍경 역시 남쪽에 집중되어 있어요. 이곳은 해안선이 용암 절벽의 형태를 이룬 곳이 많습니다. 그중 섭지코지가 유명하지요. 또 땅속에 스며들었던 물이 솟구치면서 절벽이 많은 지형과 만나 시원한 폭포가 되어 떨어집니다. 천지연, 천제연, 정방폭포 등 제주도의 유명한 폭포가 모두 남쪽에 있어요.

한라산 산간 지역: 목장과 숲이 펼쳐진 곳

사실상 제주도 전체가 한라산이나 마찬가지라 어디서부터 한라산 산간 지역이라 부를지 애매합니다. 대체로 한라산국립공원의 경계선을 기준으로 산간 지역이라고 부르는데, 대체로 해발 350~400미터 정도 지역에 경계선이 그어져 있어요. 일반적으로 고도 100미터마다 0.65도씩 내려가니까 이 이상 올라가면 아무리 제주도라도 겨울에 영하로 내려가는 날이 종종 있습니다. 그런데 제주도는 1월 강수량이 40~80밀리미터로 육지에 비해 많은 편입니다. 그래서 한라산 산간 지역은 우리나라에서 눈이 가장 많

숲과 목장, 초원이 어우러진 제주도 산간 지역

제주 산간 지역의 한라산 사려니숲길

이 내리는 지역 중 하나예요. 제주도와 눈은 어쩐지 어울리지 않는 풍경이지만, 해마다 겨울이면 이 지역은 폭설로 도로가 통제되는 날이 많아요. 또 이 지역은 우리나라에서 가장 넓은 초원지대를 이루고 있어 소나 말을 방목하기 좋은 곳이지요.

"한국도 생각보다 넓지?
봐야 할 흥미로운 지도도 아직 많아!"

나가는 글

한국지리와 친해지면 세계와도 친해진다

지금까지 우리나라의 여러 지역을 훑어보았습니다. 그런데 이 책을 보는 것은 달리는 말에서 산을 바라보듯 슬쩍 한 번 돌아본 것에 지나지 않아요. 애초에 우리나라 여러 지역의 이모저모를 작은 책 한 권에 다 담는다는 건 불가능한 일이지요. 그래도 우리 청소년들에게 우리나라의 지리적 특징이 무엇인지, 그리고 우리나라에 어떤 지역들이 있는지를 소개하는 책이 하나쯤은 있기를 바랐습니다.

이 책을 보고 우리나라의 이모저모에 대해 궁금증이 생겨 다른 책을 더 보고 싶어졌나요? 방학 때 직접 찾아가서 더 자세히 보고 싶어졌나요? 그러면 이 책은 자기 역할을 다한 것입니다.

코로나19 상황이 정상화되면서 수학여행도 다시 열리고 있습니다. 수학여행은 여행을 통해 배운다는 뜻입니다. 하지만 배우지 않은 상태에서 여행을 가면 배우지도 못할 뿐 아니라 재미도 없습니다. 그러니 그 많은 시간과 돈을 들여서 기억에 남는 것이 여행지가 아니라 오히려 숙소에서 밤에 놀았던 것뿐일지도 몰라요. 여러분만 그런 거 아니니까 걱정하지 마세요. 우리 세대도 다 그랬답니다. 그렇다고 그게 바람직한 것은 아니죠. 아무리 유명한 자연경관도 그러한 경관이 만들어지는 과정을 알아야 신기하고, 아무리 유명한 유적지도 그 유적을 만든 사람들에 얽힌 이야기를 알아야 재미있는 법입니다. 그러니 수학여행이라는 말은 어쩌면 수학 그리고 여행, 이렇게 불러야 할지 모르겠습니다. 다른 여행도 다 마찬가지겠지요.

2020년부터 2022년까지 지난 3년간 코로나19로 다른 나라로의 여행길이 순탄하지 않을 때 방학마다 습관처럼 가던 외국 대신 우리나라를 둘러보았습니다. 그리고 새삼스럽게 우리 국토의 아름다움에 감탄했지요. 지금은 외국 여행의 기회가 다시 열렸습니다. 그런데 막상 외국 여행길이 열려도 예전만큼 끌리지는 않았습니다. 우리나라를 다 둘러보기에도 시간이 모자란다고 느꼈으니까요.

반대로 우리나라를 찾는 외국인이 확 늘어난 게 눈에 들어왔

지요. 코로나19 이전까지만 해도 주로 아시아권 관광객이 많았는데, 코로나가 끝난 이후로는 미국이나 유럽 관광객이 부쩍 늘었어요. 미국이나 유럽에 사는 지인들도 그쪽에서 우리나라와 우리나라 문화가 유행하고 있으며, 한국 여행을 선망한다는 이야기를 전해왔고요.

그런데 막상 우리가 우리나라에 대해 잘 알지 못한다면 부끄러운 일이겠지요. 이미 우리나라를 잘 아는 것이 단지 '국뽕'을 넘어 세계에 내세울 수 있는 경쟁력이 되고 있기까지 한데 말입니다. 병법서로 유명한 손자는 '적을 알기 전에 먼저 나를 알아야 패하지 않는다'라고 했습니다. 나를 아는 것, 그건 바로 우리나라의 땅과 풍속, 아니 적어도 우리나라의 주요 지방이 어디에 있고 어떤 특징을 가지는지 아는 데서 출발하는 게 아닐까요?

이 책을 다 읽었다면 이제 좀 더 상세한 책으로 제대로 공부할 것을 제안합니다. 직접 답사도 다니고요. 그다음에는? 당연히 다른 나라에도 관심을 가지고 공부해야겠지요. 청소년 여러분이 그렇게 세상을 하나하나 알아가고, 세상의 범위를 넓혀가면서 더 큰 꿈, 더 많은 기회를 찾기 바랍니다. 여행은 단지 유명한 곳을 다니며 인증사진 찍는 것이 아닙니다. 유명한 곳이 왜 유명해졌을까요? 그 배경에 이야기가 있기 때문이에요. 이야기를 많이 알고 있는 사람에게는 가는 곳마다 유명한 곳이지만, 그렇지 않은 사람에게는 아무리 멀리 여행을 가더라도 의미 없는 곳이고, 재미없는 고생이 될 수 있어요. 이야기를 알고, 이야기를 즐기며 여행할 수 있는 사람의 인생은 그렇지 않은 사람보다 훨씬 풍부하고 재미있고 행복합니다.

그런 의미에서 하나 제안할까요? 이 책을 다 읽고 나서 방학 때 가족여행 코스를 직접 짜보는 것은 어떨까요? 그것도 그냥 여행이 아니라 주제가 있고 배움이 있는 여행, 가족수학여행 어때요?

도움이 된 책과 웹사이트

국가문화유산포털(https://www.heritage.go.kr)

국립공원공단(http://knps.or.kr)

유네스코 세계유산(https://heritage.unesco.or.kr/)

국토지리정보원(2015), 『한국 지리지: 광주광역시』, 진한 앰앤비.

국토지리정보원(2015), 『한국 지리지: 서울특별시』, 진한 앰앤비.

국토지리정보원(2016), 『한국 지리지: 강원도』, 진한 앰앤비.

국토지리정보원(2016), 『한국 지리지: 제주특별자치도』, 진한 앰앤비.

국토지리정보원(2018), 『한국 지리지: 충청북도』, 진한 앰앤비.

김영진(2021), 『임진왜란: 2년 전쟁 12년 논쟁』, 성균관대학교 출판부.

김종욱(2012), 『한국의 자연지리』, 서울대학교 출판부.

김호동(2016), 『아틀라스 중앙유라시아사』, 사계절.

박종기(2020), 『새로 쓴 오백년 고려사』, 휴머니스트.

박태균(2005), 『한국전쟁: 끝나지 않은 전쟁, 끝나야 할 전쟁』, 책과함께.

박희봉(2014), 『교과서가 말하지 않은 임진왜란 이야기』, 논형.

신정일(2019), 『신정일의 신택리지: 강원』, 쌤앤파커스.

신정일(2019), 『신정일의 신택리지: 경기』, 쌤앤파커스.

신정일(2019), 『신정일의 신택리지: 경상』, 쌤앤파커스.

신정일(2019), 『신정일의 신택리지: 전라』, 쌤앤파커스.

신정일(2019), 『신정일의 신택리지: 제주』, 쌤앤파커스.

신정일(2019), 『신정일의 신택리지: 충청』, 쌤앤파커스.

신정일(2019), 『한국의 사찰 답사기』, 푸른영토.
월간 〈산〉 편집부(2022), 『구구즐산』, 조선뉴스프레스.
윤휘탁(2013), 『만주국: 식민지적 상상이 잉태한 '복합민족국가'』, 혜안.
이윤섭(2004), 『역동적 고려사: 몽골 세계제국에도 당당히 맞선 고려의 오백 년 역사』, 필맥.
이중환, 안대회, 이승용 역(2018), 『(완역)택리지』, 휴머니스트.
이행(2000), 『신증동국여지승람』, 명문당.
일본사학회(2011), 『아틀라스 일본사: 역사읽기, 이제는 지도다!』, 사계절.
임용한(1998, 1999), 『조선국왕 이야기 1-2』, 혜안.
임용한(2011, 2012), 『한국고대전쟁사 1-3』, 혜안.
전국지리교사모임(2016), 『지리쌤과 함께하는 우리나라 도시여행』, 폭스코너.
정인지 등(2002), 『신편 고려사 1-10』, 신서원.
지오프리 파커(2004) 엮음, 『아틀라스 세계사: 역사읽기, 이제는 지도다!』, 사계절.
최창조(1998), 『한국의 풍수사상』, 민음사.

사진 출처

12~13쪽 대한민국 지도(참조)_국토지리연구원 20쪽 수목한계선_wikimedia commons 23쪽 한반도 동서 지형_한국민족대백과(위), 권재원(아래) 34쪽 덕산군 고지도_규장각 한국학연구원 39쪽 빙하 추도식_세계경제포럼/로이터 42쪽 해외 파견 노동자_wikimedia commons 83쪽 북한산국립공원_국립공원공단 85쪽 소백산국립공원_국립공원공단 87쪽 설악산국립공원_국립공원공단 89쪽 오대산국립공원_국립공원공단 90쪽 지리산국립공원_국립공원공단 92쪽 무등산국립공원_국립공원공단 93쪽 월출산국립공원_국립공원공단, 다도해와 홍도_신안군 95쪽 주왕산국립공원_국립공원공단 96쪽 가야산국립공원_국립공원공단 97쪽 이순신 장군 동상_이미경 104쪽 조선 후기 동궐도_고려대학교 107쪽 화성능행도 병풍_국립고궁박물관 109쪽 고인돌 유적지_한국학호남진흥원 111쪽 석수, 금동대향로_문화재청 112쪽 무령왕릉_공주시 119쪽 부석사_영주군청 122쪽 경주 대릉원(위)_경주시청 124쪽 장경각(위)_문화재청 126쪽 양동마을_경주시청 127쪽 안동 도산서원_도산서원 131쪽 청송 주왕계곡_청송군 138쪽 <경조오부도>_경기문화재단 149쪽 포천 산정호수_한국관광공사 155쪽 제천 의림지_제천시청 162쪽 평택·당진항_한국무역협회 165쪽 세종정부청사_wikimedia commons 171쪽 <여지도>의 철령_고려대학교 박물관 172쪽 <관동지도>_규장각 한국학연구원 176쪽 경포대 바다_강릉시청 178쪽 중도유적지_중도유적 역사문화권지정 범시민대책위 180쪽 『택리지』_국립민속박물관 182쪽 스키장_강원랜드 187쪽 삼척 죽서루와 해변_이미경 194쪽 <대동여지도> 남해안_규장각 한국학연구원 197쪽 군산항과 목포항_근현대역사아카이브 202쪽 전주한옥마을_wikimedia commons 204쪽 광주 산업단지_광주시청각

자료실 207쪽 | 목포_익산지방국토관리청 209쪽 | 지리산국립공원_국립공원공단 216쪽 | 소수서원_wikipedia 217쪽 | 도산서원_문화재청 233쪽 | 제주 용머리해안_서귀포시청 240쪽 | 사려니숲_이미경

TRAVEL PLAN

한국지리 여행 계획

년 월 일 ~ 월 일

지역		주제	
여정			

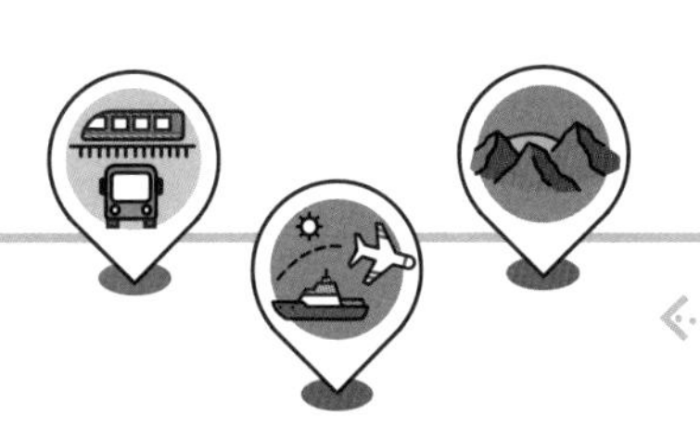

DAY 1

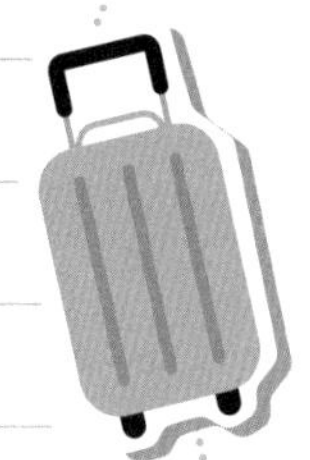

DAY 2

DAY 3

TO DO LIST

- □
- □
- □
- □
- □
- □

꼭 방문할 곳

- □
- □
- □
- □

MEMO